Patrick Nachtigall
Keine Angst vor dem Islam

Über den Autor

Patrick Nachtigall studierte an der Yale University die Weltreligionen, darunter auch den Islam. Der Autor mehrerer Bücher hat mehr als siebzig Länder bereist, auf vier Kontinenten gelebt und in den letzten fünfzehn Jahren im Nahen Osten, Asien und Europa gearbeitet.

Patrick Nachtigall

KEINE ANGST VOR DEM ISLAM

Aus dem Englischen von Eva-Maria Nietzke

Inhalt

Vorwort zur deutschen Ausgabe

Nach Paris

Kurz nach der Veröffentlichung der englischen Ausgabe dieses Buches ist in der islamischen Welt eine Menge passiert. Ein bisher beispielloser Flüchtlingsstrom aus dem Irak, Syrien, Nordafrika und Südasien begann sich über Europa zu ergießen. An vielen Orten wurden terroristische Anschläge verübt, darunter in Ankara, Beirut, Sharm Al-Sheik, San Bernadino, London und vor allem in Paris – letzterer war der wohl markanteste und traumatisierendste Anschlag der jüngsten Zeit. Seit dem 15. November 2015 greift die Angst in größerem Maße weltweit um sich, und ganz besonders in Europa. Mehr als zuvor ist es von großer Bedeutung, dass sich Christen mit dem Thema Islam auseinandersetzen.

Als dieses Buch auf Englisch erschien, wurden in Deutschland (München) Flüchtlinge willkommen geheißen, die von Ungarn weitergeschickt worden waren. Bundeskanzlerin Angela Merkel wurde weltweit für ihre Bereitschaft gelobt, Flüchtlinge in großer Zahl aufzunehmen, und viele Deutsche halfen ehrenamtlich in Flüchtlingslagern aus. Doch in deutschen Städten, selbst in so großen Städten wie Berlin, sorgt der massive Zustrom von Flüchtlingen für Stress, und immer mehr Stimmen werden laut, die die Sorge äußern, ob und wie eine Anpassung und Eingliederung einer so massiven Zahl von Zuwanderern gelingen kann. Am Silvesterabend wurden in Köln Frauen in großer Zahl von neu angekommenen Flüchtlingen sexuell belästigt. Berichte über Belästigungen in Flüchtlingslagern und anderen Städten machten die Runde und linksorientierte Politiker wurden für ihre Offenheit, eine so große Anzahl von Ausländern aufzunehmen, scharf kritisiert.

Auch wenn ein großer Teil dieser Angriffe aus dem rechtsextremen Lager im Osten Deutschlands stammt, schließt die neue aufkommende Rechte in Deutschland offenbar auch gebildete Bürger, Christen, Wohlhabende und sogar Antiglobalisierungsaktivisten ein, die zuvor eher dem linken Lager angehörten. Der Protest richtet sich aus Gründen gegen die deutsche Regierung, die weit über die Flüchtlingskrise hinausgehen, und die große Mehrheit der Deutschen lehnt diese Form des Protests und diese extremen Parteien ab. Doch es ist eine Tatsache, dass die Regierungen in Europa und Nordamerika neuen Herausforderungen gegenüberstehen, und die Sorge um die nationale Identität ist an vielen Orten ins Zentrum gerückt, darunter auch in Deutschland.

Die Debatte über den Einfluss der Krise in der arabischen Welt auf die Identität gefestigter Nationen ist durchaus gerechtfertigt. Für die Deutschen ist es wichtig zu berücksichtigen, dass dieses Thema unvermeidbar mit anderen Problemen zusammenhängt: Die EU-Griechenland-Krise; der Verlust von Arbeitsplätzen an Ausländer; der Eindruck, dass die politischen Parteien dem Volk nicht mehr zuhören; die Nutzung des Internets als Waffe, um Wut anzuheizen; Vertrauensverlust in Bezug auf die Presse und andere Einrichtungen; Sozialprogramme, die nicht mit den traditionellen Werten vereinbar sind; und schließlich die politische Einheit des Bundestags. Die Problematik des Zustroms von islamischen Flüchtlingen kann leicht zur entscheidenden Quelle der Unzufriedenheit werden, da bereits viele andere Faktoren existieren, die den durchschnittlichen Bundesbürger unter Druck setzen. Perioden rascher Globalisierung bringen neuen Wohlstand und Modernisierung mit sich, doch sie sorgen auch häufig für Gegenreaktionen, die zu Nationalismus, Bündnisbrüchen, Handelskriegen, wirtschaftlichen Verlagerungen, politischen Spaltungen und dem Aufkommen neuer Parteien führen, außerdem zu einer noch größeren Kluft zwischen Arm und Reich – auch wenn die Gesellschaft als Ganzes durch die Globalisierung reicher wird.

Wir sehen überall in der westlichen Welt dieselben Spannungen, auch in den Vereinigten Staaten. Die USA blicken auf eine lange Geschichte der Einwanderung zurück; viele Zuwanderer aus dem Nahen Osten haben Erfolg in der amerikanischen Gesellschaft und die USA haben genug Geld, Platz und Ressourcen, um weitere Zuwanderer aufzunehmen. Doch im Gegensatz zu Deutschland glauben die USA, dass Krieg und der Einsatz von Militärmacht Probleme lösen, und so ist die amerikanische Rhetorik bezüglich der Zuwanderer aus dem Nahen Osten von einer Panik geprägt, die nicht nötig ist, weil alles als eine existenzielle Krise betrachtet wird, auch wenn diese Einschätzung falsch ist.

Deutschland neigt weniger zu panischen Reaktionen. Ich habe sowohl in der Großstadt Berlin als auch in einer Kleinstadt im Schwarzwald gelebt und bin mir bewusst, wie freundlich und großzügig die Deutschen mit Ausländern umgehen. Deutschland hat eine unglaubliche Offenheit für Menschen aus aller

Welt bewiesen – und ganz besonders Berlin verkörpert die Art globaler Offenheit und Toleranz, die die Welt im 21. Jahrhundert dringend braucht. Vielleicht wird Berlin als losgelöst vom Rest des Landes betrachtet, doch diese Stadt spielt eine entscheidende Rolle in Europa und in der Welt. Die Christen in Deutschland stehen vor der Aufgabe, einen realistischen und zugleich von Gnade erfüllten Ansatz bezüglich der aktuellen Probleme des Landes zu gestalten und vorzuleben. Wenn nicht die Christen, wer dann?

Für den deutschen Leser dieses Buches ist es besonders wichtig, Kapitel 4 zu lesen und zu wissen, dass Gott diese Krisenzeit nutzt, um sich Muslimen zu offenbaren. Dies geschieht überall auf der Welt, auch hier in Deutschland, wo Muslime sich zu Jesus Christus wenden. Wir dürfen uns nicht auf das Negative konzentrieren; vom ersten bis zum letzten Buch der Bibel wird deutlich, wie Gott aus sehr schlimmen Situationen Segen und neue Möglichkeiten hervorbringt.

Die Ungarn-München-Ereignisse fanden nach der Publikation der englischen Ausgabe dieses Buches statt, doch in Kapitel 7 habe ich vorhergesagt, dass es in Europa Bestrebungen geben wird, die Freiheit der Zuwanderer zu beschneiden und schärfere Vorschriften in Sachen Integration hervorzubringen, zusammen mit einem stärkeren Aufkommen rechtsgerichteter Bewegungen. Das geschieht nun tatsächlich, aber ich glaube noch immer, dass Europa schließlich einen Weg wählen wird, der sich zwischen dem schlimmsten Extremismus und völliger Toleranz befindet.

Es gibt politisch-inkorrekte Aspekte, etwa die Unterschiede zwischen den Normen der islamischen und der westlichen Zivilisation oder die demografische Problematik der

Unausgewogenheit des Anteils von Frauen und Männern, die behandelt werden müssen. Ich bemühe mich, mit einigen dieser Aspekte so umzugehen, dass der christliche Leser nützliche Informationen erhält. Die Geschichte des Islam und sein Streben nach Ausbreitung müssen in Deutschland thematisiert werden. Es gibt große Unterschiede zwischen deutschen Werten und den Werten der traditionellen islamischen Zivilisation.

Es ist wahr, dass Deutschland seit dem Ende des Zweiten Weltkriegs ein Modell für Offenheit, Transparenz und globales Engagement ist, und die meisten westlichen Nationen können mit Deutschlands Beitrag zur Welt nicht mithalten, ganz zu schweigen von den islamischen Nationen. Deutschland ist ein Musterland und die Deutschen können darauf stolz sein.

Es gibt keine Länder innerhalb der islamischen Welt, die die Grundwerte ausleben, die in Deutschland im Mittelpunkt stehen. Die Tatsache, dass viele der Flüchtlinge aus Ländern stammen, in denen radikal unterschiedliche Weltanschauungen vorherrschen, ist sicherlich besorgniserregend. Doch es gilt auch zu bedenken, dass die islamische Welt wesentlich fragiler ist, als wir annehmen, und Deutschland ist wesentlich strapazierfähiger. Wir sollten nicht aufgrund der aktuellen Vorkommnisse überreagieren. Die islamischen Nationen und die islamische Religion werden von allen Seiten bedrängt, mehr als der Westen. Im Islam gab es weder die Mäßigung durch griechisches und römisches Gedankengut noch eine religiöse Reformation und so kämpft die islamische Welt noch immer weitgehend mit der Modernität.

Christen in Deutschland sollten erkennen, dass der Zeitpunkt gekommen ist, ein Modell für das ganze Land zu sein; sie sollten Einfluss auf die Gesellschaft ausüben, die so säkular geworden ist, und nicht zulassen, dass die Angst sie besiegt. Deutsche Christen haben die Ressourcen, das Talent und den *Glauben*, zuversichtlich voranzugehen. Sie können vorleben, wie man im 21. Jahrhundert ein Weltbürger sein kann, weil ihr Land dies seit 70 Jahren beispielhaft vorlebt und weil Gott mehr denn je an ihrer Seite ist.

Patrick Nachtigall
Badenweiler, Baden

Einleitung

Das Leben eines interkulturellen Missionars ist sehr aufreibend. Auf der Holmes-Rahe-Stress-Skala wird der Durchschnittsmensch mit hundert Punkten eingestuft. Jeder, der über dreihundert liegt, steht wahrscheinlich vor einem Zusammenbruch, da Stress den Körper krank macht. Der Durchschnittsmissionar befindet sich bei sechshundert Punkten und diese Ziffer steigt bis zu achthundert oder gar tausend im ersten Jahr auf dem Missionsfeld. Während der vierzehn Jahre, die ich in der Mission verbrachte, hat sich meine Gesundheit erheblich verschlechtert. Ich war häufig im Krankenhaus und echte Entspannung ist eine lang zurückliegende Erinnerung geworden.

Als meine Pflichten immer globalere Ausmaße annahmen, reiste ich durch zahlreiche Länder und war nur selten zu Hause in Berlin. Nur an wenigen Orten fand ich wirklich Entspannung. Es gab jedoch einen Ort, wo ich tatsächlich loslassen und mich erholen konnte, und das war das Haus unserer Freundin Linda. Ihr Sohn Colin wurde der beste Freund meines Sohnes, als wir nach Deutschland zogen.

Am ersten Tag der Orientierungswoche für neue Schüler an der Berlin Brandenburg International School wanderten meine Frau und ich unruhig über das Schulgelände in der verzweifelten

Hoffnung, dass unser Sohn einen Freund finden würde. Sehr schnell trafen wir auf Linda. Sie stammte aus dem Vereinigten Königreich und hatte einen wundervollen Nordwest-London-Akzent. Unser Sohn Christopher und Lindas Sohn Colin machten Bekanntschaft, verstanden sich auf Anhieb und liefen gemeinsam auf den Schulhof. Es war ein verheißungsvoller Start für die zweite Klasse.

Schon bald verbrachten wir viel Zeit miteinander. Wenn ich zu Hause war, ging ich gern zu Linda, die am Berliner Stadtrand wohnte. Ihre beiden Kinder liebten es, mit unserem Sohn zu spielen. Sie hüpften draußen zusammen auf dem Trampolin, spielten *Star Wars* oder mit der *Wii* und rauften irgendwann miteinander. Wir Erwachsenen saßen derweil zusammen und sprachen über unser Leben als Ausländer in Berlin, über die britische Popmusik der Achtzigerjahre und über unsere gemeinsame Liebe zu London oder die Orte, die wir gern bereisen wollten. Wir lachten viel und legten immer gute Tanzmusik auf.

Irgendwann war es Zeit zum Abendessen und jedes Mal gab es Spaghetti, die wir alle lieben. Die drei Jungen verhielten sich wie alle Jungen der Welt – sie redeten unaufhörlich und kamen nicht dazu, ihren Teller leer zu essen. Es endete immer damit, dass wir elterliche Drohungen anbrachten, während wir unsere Teller wegräumten und die Jungen erst zwei Gabeln gegessen hatten, wobei die Spaghetti mit jeder Minute kälter wurden.

Eines Abends legte Linda Michael Jacksons „Thriller" auf und wir tanzten alle dazu, Kinder wie Eltern. Ich machte meine Michael-Jackson-Bewegungen und den „Moonwalk", was wirklich nur vorkommt, wenn ich mich in der Gruppe der Anwesenden pudelwohl fühle. Colin sagte: „Das ist der tollste Abend, den ich je erlebt habe!" Und er hatte recht. Wir fuhren an jenem Abend in Hochstimmung nach Hause – der Stress hatte sich vorübergehend verflüchtigt und alles schien im Gleichgewicht zu sein. Ein perfekter Nachmittag und Abend hatten mir dabei geholfen, all die Spannungen und Sorgen der Welt zu vergessen. Dieser Ort des Friedens und der Geborgenheit war das Haus einer muslimischen Familie. Linda und ihr Mann sind Muslime aus England. Ihre Eltern waren Einwanderer der ersten Generation aus Pakistan und Indien. Doch Linda und ihr Mann wurden in der englischen Mittelklasse groß, mit der *Industrial House Music* der Club-Szene Manchesters. Keiner von beiden ist besonders religiös, doch sie haben tiefe moralische Werte und ziehen zwei wundervolle Jungen groß. Lindas Mann hat einen hervorragenden Posten in einem deutschen Pharmaunternehmen und Linda arbeitete bei einer sehr angesehenen, politisch konservativen Zeitschrift. Abgesehen von bestimmten Ernährungsvorschriften wies nichts darauf hin, dass sie Muslime sind. Kein Gebet in Richtung Mekka, keine Burka, kein langer Bart, keine Affinität zum Terrorismus und keine feindseligen Äußerungen über die Vereinigten Staaten. Linda und ihr Mann respektierten vollkommen, dass wir christliche Missionare waren. Sie verbrachten keine Zeit damit, uns aus dem Koran zu predigen oder uns zu erklären, wie sie eines Tages die Weltherrschaft übernehmen würden. Wir waren uns in vielerlei Hinsicht bemerkenswert ähnlich und sprachen eher über das schlechte Beispiel des Cartoons *SpongeBob* für unsere Kinder als über *al-Qaida* oder den 11. September. Die lustigen Äußerungen unserer Kinder und das Chaos, das sie oft anrichteten, standen fast immer im Mittelpunkt unserer Gespräche. Was für ein Schock war es, als unser Sohn einige Zeit in den USA verbrachte und von Christen hörte, alle Muslime seien böse. Für ihn ergab das keinen Sinn, da er den größten Teil seiner Zeit auf dem Schulhof mit Colin, Hammad und anderen muslimischen Kindern *Minecraft* spielte. Die Leute, die sämtliche Muslime als böse bezeichneten, hatten dagegen nie auch nur einen Muslimen persönlich kennengelernt.

Während ich dies schreibe, kann ich auf fünfzehn Jahre Reisen rund um die Welt zurückblicken. Ich reise regelmäßig in den Nahen Osten und mehrere meiner Kollegen leben in islamischen Ländern und so sind die Probleme im Nahen Osten und die Bedrohung durch den militanten Islam für mich sehr real. Im Gegensatz zu den wohl meisten Lesern dieses Buches müssen meine Kollegen, meine Frau, mein Sohn und ich regelmäßig die islamische Welt betreten, auch wenn es gefährlich ist. Wir sind bereit, dieses Risiko auf uns zu nehmen, um Gott zu verherrlichen. Doch wenn wir mitten durch die Gefahren des Nahen Ostens reisen, lernen wir immer wieder, dass nicht alle Muslime böse sind. Das Gegenteil ist der Fall: Wir sehen Nuancen, die in den westlichen (und besonders amerikanischen) Medien nicht sichtbar sind. Die meisten von uns, die wir in der islamischen Welt umhergereist sind, dort gearbeitet oder über einen längeren Zeitraum dort gelebt haben, sind beeindruckt von der Freundlichkeit der meisten Menschen, ihren politischen und historischen Kenntnissen und ihrer intellektuellen Raffinesse.

Ja, der Islam befindet sich in einer Krise. Die Anschläge vom 11. September, der „Arabische Frühling", das Wiederaufleben des militanten Islam und die mangelhafte ökonomische und politische Situation vieler muslimischer Gesellschaften sind Gründe für die turbulenteste Periode des Nahen Ostens seit einhundert Jahren. Es ist eine Krise, die wahrscheinlich zwei

Generationen lang anhalten und die Weltgesellschaft völlig neu gestalten wird. Die Bereiche Energiebedarf, Wasserknappheit, Militärmacht und Zuwanderung werden von den Unruhen der islamischen Welt zutiefst beeinflusst werden und ein großer Teil dieser Probleme rührt von den Spannungen des Islam mit der säkularen politischen Ordnung und der modernen Welt. Was wir derzeit beobachten, ist nicht so sehr ein „Kampf der Kulturen" oder „Zusammenprall der Zivilisationen" als vielmehr ein Zusammenprall innerhalb einer Kultur/Zivilisation, der globale Ausmaße annimmt. Die islamische Welt fühlt sich nach wie vor mit der Modernität nicht wohl und viele islamische Nationen sind voller ethnischer Spannungen und Sektiererei.

Ungeachtet dessen darf das weitere Vorgehen nicht darin bestehen, stark vereinfachte politische Meinungen zu etablieren, theologische Äußerungen zu verbreiten und falsche Vorstellungen zu nähren, die auf Mangel an Informationen beruhen und dazu führen, dass alle Muslime zu Comicfiguren gemacht werden. Eine solche Haltung würde das Christentum nicht besser repräsentieren als der Ku-Klux-Klan. Die Vielfalt der islamischen Welt ist genauso gewaltig wie die Vielfalt der christlichen Welt. Und in unserer globalisierten, vernetzten Welt ist es sehr viel wahrscheinlicher, jemanden wie Linda als einen Terroristen zum Nachbarn zu haben.

Dieses Buch verfolgt das Ziel, den Leser in die aktuelle islamische Welt einzuführen, ohne die derzeitigen Herausforderungen zu verschweigen, und stößt zugleich einen Prozess der Humanisierung der Muslime an. Die Bibel lehrt uns, dass alle Menschen im Bilde Gottes geschaffen sind, und wenn wir die Muslime wie uns selbst lieben, um mit den Worten Jesu Christi zu sprechen, dann werden wir sie als Teil der menschlichen

Familie und der Schöpfung Gottes betrachten. Dieses Buch befasst sich aufrichtig mit der Krise innerhalb des Islam und der Vielzahl entscheidender Unterschiede zwischen dem Christentum und dem Islam, aber es wird nicht anderthalb Milliarden Muslime zu Comicfiguren erklären, die dem Bild entsprechen, das von Nachrichtensendern gezeichnet wird, die nach den höchsten Einschaltquoten gieren. Dieses Buch ist auch kein Leitfaden, wie man Muslime bekehrt. Der erste Schritt, Jesus Christus vorzustellen, besteht nicht darin, unsere Argumente vorzutragen, sondern zunächst die Kultur zu studieren und das Land zu beobachten. Dieses Buch ist zwar absichtlich kurz gehalten und als Studien- und Diskussionsgrundlage für Gruppen gedacht, zielt aber dennoch darauf ab, dem Leser eine Hilfestellung für das Betreten der islamischen Welt zu bieten. Es beantwortet einige der dringendsten Fragen, die sich Christen in diesen schwierigen Zeiten stellen.

Wenn wir es damit ernst meinen, auf Muslime zuzugehen und sie zu Christus zu führen, können wir nicht umhin, sie kennenzulernen, und wir dürfen auch keine eindimensionale Sicht der islamischen Welt haben. Viele evangelikale Christen fühlen sich von Mormonen oder Jehovas Zeugen gestört, die an ihre Türen klopfen und ihnen erzählen, wie falsch sie damit liegen, die Ideen von Joseph Smith oder Charles Taze Russell nicht zu akzeptieren. Genauso werden Muslime nicht allzu freundlich auf Christen reagieren, die ihnen den christlichen Glauben nahebringen wollen, ohne sich die Zeit zu nehmen, ihren Gauben, ihre Kultur und ihre Geschichte zu verstehen. Wie jeder gute Missionar weiß, müssen wir zunächst die Kultur studieren, Kontakte knüpfen und Vertrauen aufbauen, bevor ein echter Dialog mit Nichtchristen möglich wird. Zumindest in Amerika sieht die Realität so aus, dass die Christen, die am meisten mit Vorurteilen gegen Muslime zu kämpfen haben, nie einen persönlichen Kontakt zu Muslimen hatten. Wir sollten es besser machen, wenn wir wirklich die Liebe des Christus mit muslimischen Brüdern und Schwestern teilen wollen.

Es gibt eine Sache, die ich Ihnen dringend ans Herz legen möchte: Bewahren Sie die Geschichte von Jesus und der Frau am Brunnen von Sychar immer im Gedächtnis (siehe Johannes 4,4–26). Diese wichtige Begegnung führt uns vor Augen, wie Jesus uns dazu auffordert, unsere Vorurteile und unsere Komfortzone aufzugeben, um ihn zu repräsentieren. Jesus zeigte in dieser Geschichte ein sehr unkonventionelles Verhalten. Ein guter Rabbi hätte sich niemals mitten am Tag allein mit dieser Frau aufgehalten. Er wäre auch nicht nach Samaria gegangen, dem Land der Ketzer und Gotteslästerer. Es war leicht, ein Zerrbild von den Samaritern zu zeichnen, ähnlich wie bei den Muslimen heute, und die Leute fanden es in Ordnung, sie zu meiden und als hoffnungslose Fälle zu bezeichnen, weil sie ein anderes Bild von Gott hatten. Doch Jesus weigerte sich, so zu handeln. Er blieb seinen Überzeugungen treu und begann dennoch ein Gespräch mit der samaritischen Frau. Er lud sie ein, das lebendige Wasser in Anspruch zu nehmen – ohne Verurteilung oder Dämonisierung. Eine solche Haltung brauchen wir, wenn wir auf Muslime zugehen wollen. Wenn wir wirklich davon überzeugt sind, das Wasser des Lebens zu besitzen, dann brauchen wir nicht auf billige Bemerkungen, Vorurteile und Hass zurückzugreifen. Das tun Menschen, die unsicher sind und Angst haben. Wenn wir wirklich glauben, dass Jesus der Weg ist, dann brauchen wir uns nicht zu fürchten.

■ Kapitel 1

DIE VIELFALT DER ISLAMISCHEN WELT

. . . .

A ls ich mich an den Schreibtisch setzte, um das erste Kapitel eines Buches zu schreiben, das Christen dabei helfen soll zu verstehen, was in der islamischen Welt vor sich geht, wurde in den Nachrichten über eine neue Enthauptung berichtet. ISIS (Islamischer Staat im Irak und Syrien), auch bekannt als IS (Islamischer Staat) oder ISIL (Islamischer Staat im Irak und der Levante), oder *Daesh* auf Arabisch, ist eine von vielen militanten Gruppen, die seit dem Zerfall des Iraks und Syriens als stabile Nationalstaaten weltweit aufblühen. In den Nachrichten wird heute auch darüber berichtet, dass ISIS und *Jabhat al-Nusra* sich verbünden, um moderate Rebellen, die Kurden, sowie die Amerikaner zu bekämpfen, da ISIS das Ziel verfolgt, ganz Mesopotamien zu erobern und einen wahren islamischen Staat zu gründen. Das sind heute Morgen tatsächlich beängstigende Neuigkeiten.

Doch die Realität ist viel komplizierter, als sie in den Nachrichten dargestellt wird, wo tendenziell alles auf die grundlegendsten, furchtbarsten und aussagekräftigsten Elemente reduziert wird. *Jabhat al-Nusra* und IS mögen einander überhaupt nicht. IS hat deutlich zu verstehen gegeben, dass er *Jabhat al-Nusra* nicht als islamisch ansieht und diese Organisation als abtrünnig verurteilt. Das ist darauf zurückzuführen, dass *Jabhat al-Nusra* im April 2013 nicht bereit war, sich der Autorität von IS zu beugen, und IS hat am 29. Juni 2014 das Kalifat ausgerufen. Tatsächlich arbeitet eine sehr kleine lokale Gruppe von *Jabhat al-Nusra* Seite an Seite mit einer kleinen Gruppe von IS in der Qalamoun-Gegend, doch in den Medien wird dies als große Allianz dargestellt.

Tatsächlich ist *Jabhat al-Nusra* nicht bereit, IS als legitimen Führer des Landes anzuerkennen, geschweige denn als Inhaber eines Kalifats (was bedeutet, die politische und religiöse Leiterschaft der islamischen Welt unter einem Nachfolger des Propheten Mohammed innezuhaben). Dies ist eines der größten Probleme für IS und für jeden, der im Nahen Osten lebt oder arbeitet, während die Amerikaner bemüht sind, islamische Staaten zu stabilisieren und/oder zu demokratisieren. Die Vielfalt der Meinungen und Spaltungen innerhalb der kämpfenden Gruppen im Irak, in Syrien und in der gesamten Region ist gewaltig, kompliziert und unüberwindlich. Rund um diese beiden Gruppen gibt es viele andere militante Gruppen, einige davon Sunniten, andere Schiiten, einige Kurden, einige Feinde des rasch zerfallenden syrischen säkularen Staates, der von der Ba'ath-Partei geleitet wird, andere nicht religiös und wieder andere sind nur auf Rache aus und interessieren sich nicht für eine wie auch immer geartete islamische Expansion.

Selbst innerhalb der Gruppen, die Bündnisse formen, sind die Unstimmigkeiten so massiv, dass man davon ausgehen kann, dass sie auseinanderbrechen und miteinander im Krieg liegen würden, sollten sie den Kampf gegen IS gewinnen. Viele dieser „islamischen Milizen" sind noch nicht einmal religiös. Mit anderen Worten: Im Westen neigen wir dazu, die islamische Welt vereinter, mächtiger und aufeinander abgestimmter zu sehen, als es in Wirklichkeit der Fall ist.

Daher sollten Christen, die sich mit dem Islam befassen, damit beginnen zu begreifen, dass wir es mit einer sehr großen Religion zu tun haben, die genau wie das Christentum mit einem unglaublichen Spektrum von Meinungen, Theologien, Spaltungen und Konflikten durchsetzt ist. Des Weiteren müssen wir anerkennen, dass wir in den Nachrichten und sogar in unseren Gemeinden und in Gesprächen mit christlichen Freunden Dinge hören, die die Probleme extrem vereinfacht darstellen. Wenn die Kampflinien der wütenden, militanten terroristischen Gruppen derart gespalten sind, wie vielfältig muss dann die islamische Welt tatsächlich sein, wenn man bedenkt, dass es anderthalb Milliarden Muslime gibt, von denen nur 20 Prozent in arabischen Ländern leben?

Die Lage der islamischen Welt

Die islamische Welt geht weit über die Länder des Nahen Ostens oder der von Arabern bewohnten Regionen hinaus. Sie dehnt sich vom Osten Indonesiens (einem Inselstaat, der sich fünftausend Kilometer weit in den Pazifik erstreckt) bis zur Westküste Afrikas aus. Geografisch gesprochen wurde ungefähr die

Hälfte der Welt nachhaltig vom islamischen Glauben und der islamischen Kultur beeinflusst. Doch dieser Islam ist nur selten der Islam von Osama bin Laden und von IS. Im Senegal gibt es Muslime, die einen schwarzen Propheten verehren, der vom Atlantischen Ozean kam – ganz deutlich eine Vermischung der afrikanischen Eingeborenen-Religion mit dem Islam. In einem Teil Indonesiens gibt es Muslime, die Pazifisten und Universalisten sind; sie glauben an völlige Gewaltlosigkeit und daran, dass jeder Mensch ungeachtet seines Glaubens in den Himmel kommt. In Algerien, Syrien und Albanien sind die meisten Menschen ausgesprochen säkular, Atheisten oder vertreten zumindest die Ansicht, dass Religion aus der Politik herauszuhalten sei. In ganz Westeuropa gibt es Muslime der zweiten und dritten Generation, die sich mehr für Säkularisierung und die westliche Popkultur interessieren als für den Islam, auch wenn sie als „Muslime" etikettiert werden. Und in der islamischen Republik Iran, die von Ajatollah Khamenei angeführt wird, gibt es Millionen von Menschen, die entweder zum Christentum übergetreten sind oder sich gänzlich vom Islam abgewandt haben aus Abscheu vor der Heuchelei dieser demokratischen Republik und dem Gebrauch des Islam in der Politik. In Indien, der weltweit größten Demokratie, in der der Hinduismus überwiegt, leben seit Jahrhunderten Millionen von Muslimen friedlich mit Christen und Hindus zusammen. Innerhalb der Vereinigten Staaten haben sich einige Afroamerikaner der Bewegung „Nation of Islam" zugewandt, die in Detroit von Wallace Fard Muhammad gegründet wurde. Diese Bewegung wird von der überragenden Mehrheit der Muslime als andersgläubig angesehen.

Der Islam wird in unterschiedlichen Teilen der Welt sehr unterschiedlich praktiziert. Während einige islamische Länder weibliche Premierminister hatten (Pakistan, Indonesien), werden in anderen die Frauen systematisch unterdrückt (Afghanistan). Einige Muslime haben einen langjährigen Konflikt mit ihren Nachbarn ausgetragen (Iran, Irak), während andere mit anderen ethnischen Gruppen friedlich und harmonisch zusammenlebten (Singapur, Malaysia, Libanon). Und während einige islamische Länder eine strengere Form des Islam angenommen haben (Saudi-Arabien, Iran), haben andere die Trennung von Religion und Staat praktiziert (Ägypten, Syrien, Irak). In einigen Ländern scheint der Weg zu einer liberalen Demokratie noch weit entfernt zu sein (Somalia, Sudan), während in anderen erste Anzeichen von Demokratie oder bereits eine echte demokratische Stabilität zu verzeichnen sind (Indonesien, Malaysia, Tunesien). Einige islamische Länder sind sehr arm und weisen beinahe keine ökonomische Entwicklung auf (Kirgisistan, Bangladesch), während andere sehr wohlhabend sind (Vereinigte Arabische Emirate, Katar) und zudem außergewöhnliches ökonomisches Wachstum und Entwicklung erleben (Türkei).

Innerhalb der islamischen Welt gibt es genau wie innerhalb des Christentums (vor allem innerhalb des Protestantismus) viele verschiedene Ausprägungen. Ein Katholik aus Guatemala hat mit einem orthodoxen Christen aus der Ukraine oder einem konservativ gekleideten Mennoniten aus dem Norden des US-Bundesstaats Indiana wahrscheinlich wenig gemein – und so haben auch Hunderte Millionen Muslime praktisch nichts miteinander gemein. Einige sind – wie Saddam Hussein es war – völlig säkular, während andere als säkulare Kommunisten in Albanien oder Jugoslawien aufwuchsen. Andere wiederum wurden in Kulturen groß, die Produkte „islamischer Zivilisation" waren. So wie Atheisten wie Richard Dawkins oder Christopher Hitchens im „christlichen" England aufwuchsen, wo sie offenbar von der Religion völlig unberührt blieben und vollkommen weltlich sind, so gibt es auch Muslime, die vollkommen säkular sind.

Viele kulturelle, historische, demografische, ökonomische und politische Faktoren tragen dazu bei, wie der Islam weltweit zum Ausdruck kommt. Daher ergibt es keinerlei Sinn, diese Vielfalt auf eine einheitliche Karikatur vom Islam zu reduzieren. Die meisten Menschen sind nicht dazu bereit, wirklich Zeit, Energie und Geld aufzuwenden und sich selbst zu sterben, um einer Religion zu dienen. Es ist stets eine Minderheit von Gläubigen, die wirklich zutiefst gottesfürchtig sind.

Die schnellste Religion der Welt

Der Islam ist derzeit die am schnellsten wachsende Religion der Welt. Annähernd anderthalb Milliarden Menschen fallen unter die breite Kategorie „Muslime". Diese Tatsache alarmiert die Christen, doch wir dürfen nicht vergessen, dass dieses rapide Wachstum vor allem auf die hohen Geburtenraten in islamischen Ländern zurückzuführen ist. In manchen Ländern wird jedes Baby, das zur Welt kommt, automatisch als Muslim eingestuft. Wo der Islam die vorherrschende Religion ist, wird die Mehrheit der Menschen in muslimische Familien hineingeboren, so wie fast alle Polen in römisch-katholische Familien hineingeboren werden und sich als „Katholiken" oder „Christen" bezeichnen, egal ob sie den Glauben praktizieren und davon überzeugt sind oder nicht. Auf diese Weise werden die

Statistiken aufgebläht, denn viele nicht engagierte Menschen oder solche, die den Besonderheiten des Glaubens gegenüber ignorant oder gleichgültig sind, werden trotzdem als „Muslime" bezeichnet.

Die am schnellsten wachsende Religion *durch Bekehrung* ist das Christentum. Und die Bibel ist mit Abstand das am meisten verkaufte Buch der Welt. Das Christentum nimmt an Orten zu, wo es traditionell nicht bekannt war, im Gegensatz zum Islam, der sich nicht kulturübergreifend ausbreitet. Der christliche Glaube ist nicht an eine bestimmte Sprache oder an einen geografischen Standort gebunden (dieses Thema werden wir in Kapitel 3 näher betrachten), während der Islam sich im arabischen Raum ansiedelt. Christliche Erweckungen im Vietnam, in der Mongolei, in Nigeria, Brasilien, China und Teilen Indiens zeugen davon, dass das Christentum außergewöhnlich gut darin ist, Kulturgrenzen zu überwinden und sich in einer Kultur zu beheimaten.

Die islamische Welt wächst auch aufgrund der Investitionen zur Verbreitung des Islam und zur Errichtung von Moscheen und islamischen Lernzentren durch reiche Muslime aus den Golfstaaten wie Saudi-Arabien, Katar und den Vereinigten Arabischen Emiraten. Neue Moscheen werden in Nordamerika, Lateinamerika, Afrika, Asien und Australien errichtet. Im Vereinigten Königreich werden ständig Moscheen gebaut, während christliche Kirchen regelmäßig geschlossen werden. Doch die meisten dieser Moscheen werden von muslimischen Gemeinschaften genutzt, die bereits etabliert sind, in der Regel unter ethnischen Gruppen, die vorherrschend Muslime sind.

Die Geburtenraten in islamischen Nationen wie Pakistan, Bangladesch und Iran gehen rapide zurück, obwohl sie traditionell sehr hoch waren. Das liegt vor allem daran, dass Frauen ins Arbeitsleben eintreten, dass die Mittelschicht zunimmt und dass die Geburtenkontrolle besser verstanden wird. Gegenwärtig erlebt die arabische Welt das Phänomen des sogenannten „Jugendüberschusses", also einer Gesellschaft, in der außergewöhnlich viele junge Menschen leben. In zahlreichen Ländern des Nahen Ostens sind 50 Prozent der Bevölkerung jünger als 25. Das ist extrem gefährlich und destabilisierend für eine Gesellschaft und einer der wesentlichen Gründe für die aktuelle Krise des Nahen Ostens. Besonders junge Männer ohne Bildung, ohne ökonomische Perspektiven und ohne sexuelle Ventile sind leichte Beute für Revolution und Kampfgeist.

Dennoch könnte die Kombination aus abnehmenden Geburtenraten und des weltweit zunehmenden negativen Ansehens des politisierten Islam zu einem Rückgang der Ausbreitung des Islam in der nahen Zukunft führen. Die Wahrscheinlichkeit einer zunehmenden Säkularisierung der nächsten Generation von Muslimen ist groß – und daher die Sorge von Gruppen wie den Taliban, den Ajatollahs im Iran, *al-Qaida* und IS. Die Stärke der militanten islamischen Bewegung wird oft überschätzt. Überall, und zwar flächendeckend, findet eine Säkularisierung der Welt statt, wo das allgemeine Einkommensniveau zunimmt. Das betrifft das Christentum, das Judentum und den Islam genauso wie lokale eingeborene Volksreligionen weltweit, die im Laufe des letzten Jahrhunderts bereits stark zurückgegangen sind.

Spaltungen innerhalb des Islam

Innerhalb des Islam gibt es viele verschiedene Ausrichtungen, die nicht alle in diesem Buch behandelt werden. Doch einige der wichtigsten Spaltungen zwischen den vielfältigen Sekten des Islam sollten unbedingt verstanden werden. Die meisten Muslime stimmen in einigen grundlegenden Glaubenssätzen überein (so der Glaube an *Allah*, die Heiligkeit des Korans und die Bedeutung der fünf Säulen des Islam), haben aber unterschiedliche Ansichten in Sachen Autorität, der Rolle von Religion und Politik, Theologie, der Auslegung des islamischen Gesetzes und der Bedeutung bestimmter Propheten, islamischer Denker und religiöser Führer.

Die bekannteste Spaltung innerhalb des Islam ist die zwischen sunnitischen Muslimen, die 85 Prozent aller Muslime ausmachen, und schiitischen Muslimen, die fünfzehn Prozent repräsentieren. Diese Spaltung geht auf die Zeit des Todes von Mohammed 632 n. Chr. zurück. Als der Prophet starb, war nicht klar, wer nun der Führer sein sollte, doch es verstand sich von selbst, dass niemand jemals seine Stelle einnehmen oder der nächste Prophet sein würde. Dennoch musste jemand die Führungsrolle dieses rasch zunehmenden Glaubens übernehmen.

Sunnitischer Islam: Sunniten (Nachfolger der *Sunnah*, was Beispiel bedeutet) übergaben den Führungsstab an einen *Kalifen* (Nachfolger), der ein politischer und militärischer Führer, jedoch kein Prophet wie Mohammed sein würde. Der erste Kalif war Mohammeds Schwiegervater Abū Bakr. Er wurde nicht etwa aus Gründen der Vererbung ausgewählt, sondern aufgrund seiner Frömmigkeit, seiner Weisheit und seiner Loyalität gegenüber Mohammed.

Schiitischer Islam: Die Schiiten (Partei des Ali) befinden sich aktuell vor allem im Irak, Iran, Bahrain und Libanon. Die Schiiten waren gegen die Wahl Abū Bakrs, da sie meinten, die Führerschaft müsse in der erblichen Linie des Propheten fortgeführt werden. Keiner von Mohammeds Söhnen überlebte das Stadium der Kindheit, demnach musste der Ehemann von Mohammeds Tochter Fatima, ein Mann namens Ali, zum Führer (oder *Imam*) ernannt werden. Ali wurde gezwungen, 35 Jahre lang zu warten, bevor er den Posten des Führers einnahm, und wurde kurz darauf ermordet. Im Laufe der Geschichte wurden die zahlenmäßig unterlegenen Schiiten von den zahlenmäßig überlegenen Sunniten geschmäht, dominiert und missachtet. Die Geschichte der Schiiten ist folglich von Traurigkeit geprägt und dem Anliegen, der Unterdrückung ein Ende zu bereiten und die Gerechtigkeit in der Welt wiederherzustellen. Schiiten schauen erwartungsvoll in die Zukunft und sehen schweren Herzens auf die Vergangenheit zurück. Die Sunniten dagegen dominierten die islamische Geschichte und neigen dazu, die glorreichen Tage des Islamischen Reichs zu zelebrieren, zu erinnern und zu verklären.

Doch selbst innerhalb der Schiiten gab es Unstimmigkeiten bezüglich der Anzahl der Imame, die Nachfolger Mohammeds waren. Die *Zaidi* erkannten fünf an, die *Ismaëliten* erkannten sieben an und die *Ithna-Asheri* erkannten zwölf an. Letztere sind zahlenmäßig überlegen und im Iran sehr populär. Der ehemalige iranische Präsident sprach von der Wiederkehr des „zwölften Imam". Der zwölfte Imam, Muhammad al-Muntazar, starb 874 n. Chr. als Kind und somit ohne Nachfolger. Da der zwölfte Imam keine Erben hervorbrachte, glauben die Schiiten, dass er sich derzeit verborgen hält und am Ende der Zeiten zurückkehren wird, um die Wahrheit des schiitischen Islam zu bezeugen und eine vollkommene islamische Gesellschaft zu gründen. In der Zwischenzeit ist es Aufgabe der *Mullahs* (schiitischer Klerus), das islamische Gesetz auszulegen. An der Spitze der *Mullahs* steht der oberste religiöse Führer, bekannt als *Ajatollah*.

Die Spaltung zwischen Sunniten und Schiiten war also ursprünglich eine politische, im Gegensatz zu der theologischen Spaltung zwischen der östlichen orthodoxen Kirche und der römisch-katholischen Kirche nach dem morgenländischen Schisma, der großen Kirchenspaltung von 1054.

Wahhabitischer Islam: Die Wahhabiten sind seit den Anschlägen vom 11. September in den USA besser bekannt als zuvor. Das liegt daran, dass die Entführer der Flugzeuge aus Saudi-Arabien stammten, und der wahhabitische Islam in diesem arabischen Königreich die vorherrschende islamische Ausrichtung ist. Dabei ist zu bedenken, dass die wichtigsten Planer der Anschläge Ägypter, Libanesen und Belutschen waren und größtenteils einen sunnitischen Hintergrund haben.[1] Heutzutage kann der wahhabitische Islam als eine Form des sunnitischen Islam bezeichnet werden, auch wenn seine Anfänge andere waren. Es handelt sich um eine sehr strenge Form des Islam, die nach einem Gelehrten des islamischen Gesetzes und der islamischen Theologie in Mekka und Medina benannt ist, Muhammad Ibn al-Wahhab (1703-1791). Wahhab, der sich über die nach wie vor verbreitete Anbetung heidnischer Götter und die allgemeine moralische Nachlässigkeit in Zentralarabien ärgerte, predigte eine Rückkehr zur strengen Auslegung des islamischen

---

1 Juan Cole, *Engaging the Muslim World* (New York: Palgrave Mac Millan), S. 84.

Gesetzes und lehnte das mittelalterliche islamische Gesetz ab, das er für korrupt hielt. Mit anderen Worten: Er war ein Fundamentalist des achtzehnten Jahrhunderts, der sich auf den Koran, Mohammed und Mohammeds Beispiel rückbesinnen wollte. Er verwarf alle theologischen Neuerungen und Diskussionen, die seit Mohammeds Zeiten aufgekommen waren.

Der wahhabitische Islam war wesentlich intoleranter als die übrigen damaligen Formen des Islam. Gemeinsam mit einem Stammesführer namens Muhammad Ibn Saud kontrollierte Wahhab eine Bewegung, die mit Gewalt einen großen Teil Arabiens für den wahhabitischen Islam eroberte. Dazu gehörte die Zerstörung heidnischer Heiligtümer und der schiitischen Wallfahrtsstätte in Kerbela (im heutigen Irak), wo sich das Grab Husseins befindet. Diese Beleidigung wurde von den Schiiten nie vergessen und erklärt, warum das moderne Saudi-Arabien mit dem heutigen Irak und Iran verfeindet ist.

Schließlich wurde der wahhabitische Islam zur offiziellen Auslegung des modernen Saudi-Arabien. Weltweit ist der saudi-arabische Islam für seine harten Strafen bekannt, darunter das Abhacken der Hände und das Steinigen. Der saudi-arabische Islam verhindert die Bekundung anderer religiöser Überzeugungen, besteht darauf, dass die Frauen außerhalb ihrer Häuser vollständig bedeckt sind, verbietet Frauen das Autofahren und ist insgesamt legalistisch und hält am Buchstaben des Gesetzes fest.

Der wahhabitische Islam ist tatsächlich sehr streng, doch einige Aspekte sollten beachtet werden: 1) Wahhabitische Gläubige in Bahrain haben nicht dieselbe strenge Auffassung; 2) Saudi-Arabien beherbergt die beiden heiligsten Stätten des Islam (Mekka und Medina). Üblicherweise gilt, dass der Glaube umso

extremer ist, je größer die Nähe zum Geburtsort einer religiösen Bewegung ist; 3) Nur 62 Prozent der Saudis bezeichnen sich
selbst als religiös. Die extreme Vermischung von Politik und Religion führt stets zu einem Rückgang der religiösen Überzeugung, wie auch bei den Schiiten im Iran zu beobachten ist.[2]

Sufistischer Islam: Der *Sufismus* ist eine mystische Tradition
innerhalb des Islam, die darauf abzielt, Körper und Geist zu dis-
ziplinieren, um die Gegenwart Gottes zu erfahren. Im Gegensatz zur christlichen klösterlichen Tradition ziehen sich *Sufisten*
nicht von der Welt zurück, sondern praktizieren den sogenannten „größeren *Dschihad*", bei dem es darum geht, seine eigene
sündige Natur zu kontrollieren und stattdessen zu studieren, zu
meditieren, zu beten und zu fasten und den Willen *Allahs* zu suchen. Der sufistische Islam war eine auf Verbesserung zielende
Bewegung, die entstand, um den Materialismus zu kritisieren,
der während des Kalifats von Umayyad (661–750 n. Chr.) zahlreiche Muslime anzustecken begann. Im Gegensatz zu vielen
christlichen Mönchen engagieren sich Sufisten aktiv in der Politik und in der missionarischen Arbeit.

Sufistische Gläubige neigen auch zu der Überzeugung, die
wahre Form des Islam zu praktizieren, und die *Wahhabisten* und
Salafisten sind ihnen feindlich gesinnt. Iran, Pakistan und die
Türkei sind drei islamische Länder, die den *sufistischen* Islam
kaum tolerieren und viele *sufistische* Heiligtümer werden angegriffen und zerstört. Einige Muslime sind der Ansicht, die *Sufisten* hätten sich zu weit vom orthodoxen Islam entfernt und sei-
en von heidnischen oder fremden Religionen beeinflusst. Viele

---

2   *The Saudi Public Speaks: Religion, Gender and Politics*, International Journal of Middle East
Studies, S. 214.

Abendländer, die sich zum Islam bekehren, treten dem *sufistischen* Islam bei, da sie diese Ausrichtung als ähnlich friedlich wie den Buddhismus empfinden und nicht wie eine feindliche, militante und vom Terror besessene Bewegung.

Es gibt viele weitere Bewegungen innerhalb des Islam, darunter *Salafisten*[3] und *Charidschiten*[4], mit denen wir uns noch beschäftigten könnten, doch aus der bisherigen Darstellung wird bereits deutlich, dass es innerhalb des Islam beträchtliche Spaltungen gibt, die persönlicher und lang anhaltender sind als die Spaltung zwischen den islamischen Nationen und dem Westen. Diese Situation sorgt für eine große Unbeständigkeit innerhalb des Islam, über die wir uns klar werden müssen, bevor wir den voreiligen Schluss ziehen, dass der Islam an erster Stelle gegen den Westen und andere Religionen kämpft. Es ist eine Tatsache, dass die Unterschiede und Fehden innerhalb des Islam schwerwiegend und lang anhaltend sind und sich als bisher irreparabel erwiesen haben. Wir werden uns nun mit den Ursprüngen des Islam befassen und sehen, dass der islamische Glaube auf einem Boden begann, der seit seinen Anfängen von Konflikten und Stammeskriegen durchsetzt war.

---

3 Der *Salafismus* wird manchmal dem wahhabischen Islam gleichgestellt, scheint jedoch durch fundamentalistische Bewegungen nach 1960 beträchtlich beeinflusst worden zu sein. Salafisten werden vor allem in den Golfstaaten angetroffen, wie Saudi-Arabien, die Vereinigten Arabischen Emirate und Katar.

4 *Charidschiten* sind Muslime, die ursprünglich die Nachfolge von Mohammeds Schwiegersohn unterstützten, seine Führerschaft dann jedoch ablehnten. Charidschiten sind nicht sehr tolerant gegenüber Muslimen, die in Sünde leben oder an die falsche Theologie glauben. Eine gerechte Herrschaft ist für sie wichtig und sie legen viel Nachdruck auf das Märtyrertum.

Fragen zum Diskutieren

....

Wie würden Sie Ihre Sicht auf den Islam beschreiben? Wie ist sie mit Ihrer Sicht auf den Buddhismus, das Judentum, den Hinduismus oder andere große Religionen vergleichbar? Wodurch wurde Ihre Meinung vordergründig geformt?

Waren Sie je mit einem Muslim befreundet, bekannt oder haben Sie unter Muslimen gelebt? Wie passten sie in die westliche stereotype Vorstellung hinein, dass Muslime gewalttätig und allen Nichtmuslimen gegenüber feindlich eingestellt sind?

Irrtümlich wird weitgehend angenommen, dass die Muslime weltweit eine einheitliche Macht bilden. Welche unterschiedlichen Formen der theologischen Ausrichtung, der Regierung und der Praktiken haben Sie in diesem Kapitel kennengelernt?

Sind Sie je in ein islamisches Land gereist? Welche Unterschiede und Gemeinsamkeiten konnten Sie zwischen diesen Ländern und Ihrem eigenen Land beobachten? Waren Sie in zwei oder mehr islamischen Ländern? Welche Ähnlichkeiten und Unterschiede haben Sie zwischen diesen Ländern beobachtet?

Welche Vorurteile oder welche typischen Vorstellungen haben Muslime Ihrer Meinung nach von westlichen Christen? Wie würden Sie einen Muslim davon überzeugen, dass diese Ansichten nicht der Wahrheit entsprechen? Sollten sie Ihre Erklärungen akzeptieren? Warum oder warum nicht?

Benennen Sie einige christliche Konfessionen oder Gemeinschaften und beobachten Sie einige Unterschiede und die bestehende Vielfalt. Wie würden Sie einem Muslim diese Unterschiede erläutern?

■ Kapitel 2

WER WAR
MOHAMMED?

....

Die Geschwindigkeit, mit der der Islam eine große Weltreligion wurde, ist absolut erstaunlich. Im Jahr 632 war der Islam eine kleine religiöse Bewegung in den fernen Wüsten des unterentwickelten Arabien. Innerhalb von einhundert Jahren breitete sich die neue Religion vom östlichen Zentralasien bis nach Spanien und Nordafrika aus, verschlang große Reiche und ersetzte das Persische, Griechische, Lateinische und die Berbersprache durch die „heilige arabische Sprache". Lokale volkstümliche Religionen und alte Texte und Traditionen wurden durch den Koran und die arabischen Kulturwerte verdrängt. Diese obskure Wüsten-Reformation nahm solche Ausmaße an, dass sie eine Zivilisation gründete, die noch heute sichtbar ist. All das geht auf einen einzigen Mann zurück, Muhammad ibn Abdullah, geboren im Jahr 570 n. Chr.

Arabien und die Religion
zur Zeit Mohammeds

Die Arabische Halbinsel war ein Land von Beduinenstämmen
und Kaufleuten. Es war eine unwirtliche Gegend – eine Wüsten-
region, bewohnt von Nomadenclans, die versuchten, der Vernichtung durch stärkere Clans zu entgehen. Da es keine zentrale Autorität oder Regierung gab, dienten die Stämme als Schutz
in diesem feindlichen Umfeld. Vorübergehende Bündnisse und
Waffenruhen wurden vereinbart, um später widerrufen zu werden. Die Stämme befanden sich auf einer wichtigen Welthan-
delsroute und handelten mit Völkern aus dem Nahen Osten,
Nordafrika und Zentralasien. Gleichzeitig überfielen sie häufig
Angehörige dieser Völker auf den Handelsrouten. Gebrochene
Verträge und Verrat wurden nie vergessen, und eine Kultur der
Blutrache war an der Tagesordnung. Das Leben war gefährlich,
von Gewalt erfüllt und ungerecht.

Arabien war ein Land, in dem die Menschen an viele Götter
und Göttinnen sowie an Geister glaubten, die in Bäumen, Stei-
nen und anderen leblosen Objekten wohnten. Arabien hatte
keine komplexe Theologie hervorgebracht, wie das Judentum,
das Christentum oder östliche Religionen. Die Stadt Mekka be-
saß jedoch ein zentrales Heiligtum für die Götter, das als *Kaaba* bekannt war, ein Heiligtum in Form eines Würfels, das
einen schwarzen Felsbrocken beherbergte, der wahrscheinlich von einem Meteoriten stammte. Zu Mohammeds Zeiten
war das *Kaaba*-Heiligtum mit 360 Abbildern von Gottheiten an-
gefüllt, von denen sich die verschiedenen Stämme Schutz er-
hofften. Während das ursprüngliche Heiligtum vermutlich für
eine bestimmte Gottheit errichtet worden war, wurde während

Mohammeds Lebenszeit der oberste Gott als *Allah* verehrt (was schlicht und einfach „Gott" bedeutet), und die Araber unternahmen eine Pilgerreise (*Hadsch*), um das Heiligtum siebenmal zu umrunden, den schwarzen Stein zu küssen und noch einige andere Rituale vorzunehmen.

Von Mohammed wird berichtet, dass er ein frommer Mann war. Er war Kaufmann, kümmerte sich aber auch intensiv um spirituelle Angelegenheiten. Er nahm am *Hadsch* teil, betete, gab Almosen, fastete und verbrachte Zeit damit, die geistliche Situation seines Volkes zu beobachten, insbesondere seines Stammes *Quraisch*, der aus erfolgreichen Kaufleuten bestand. Mohammed war besorgt über den Materialismus und Egoismus, der sein Volk infiziert hatte, und war besonders irritiert angesichts der mangelnden Fürsorge für die Armen und die Gerechtigkeit. Die arabische Gesellschaft war rau und streng mit ihren Stammesfehden und der Blutrache, doch es herrschte zugleich eine Kultur der Gastfreundschaft, die wichtig war, damit die Menschen in diesem harten Klima überleben konnten. Die Wüste bot nur wenige Ressourcen, was zu Gewalt und Plünderungen führte. Doch gerade wegen der Unwirtlichkeit der Wüste war die ausgeprägte Kultur der Gastfreundschaft so notwendig. Noch heute nimmt sie bei den Arabern und in der gesamten islamischen Welt einen hohen Stellenwert ein und viele westliche Besucher sind überrascht von der freundlichen Aufnahme, die sie als Gäste erfahren. Die islamischen Völker sind auf ihre Gastfreundschaft sehr stolz. Mohammed hatte den Eindruck, dass die Menschen sich mit zunehmendem Wohlstand von dieser gemeinschaftlichen Orientierung wegbewegten und sich weniger umeinander kümmerten. Daher war in seinen Augen eine spirituelle Erneuerung nötig.

Offenbar war er auch verunsichert angesichts der weit entwickelten christlichen und jüdischen Theologie im Vergleich zu den religiösen Praktiken in seinem Teil Arabiens. Die Christen und Juden hatten ein heiliges Buch mit Geschichten und ethischen Vorschriften und verfügten über eine reiche Historie, ein kulturelles Erbe und eine komplexe Theologie. Die religiösen Praktiken der Araber wirkten dagegen primitiv, abergläubisch und unwirksam. Es war ein heidnischer Polytheismus. Mohammed respektierte und bewunderte die Geschichten der Juden und Christen. Mit der Zeit fuhr Mohammed fort, viele Geschichten und Propheten aus den christlichen und jüdischen Schriften zu preisen, doch er irrte sich oft in den Details und wurde deshalb von den Juden lächerlich gemacht. Deren Ablehnung nahm ihm schließlich seine Illusionen. Zudem war er zunehmend verwirrt durch die theologischen Unstimmigkeiten unter den Christen, die miteinander stritten, wer Jesus war und wie das Christentum praktiziert werden sollte. Die mangelnde Einheit der Christen führte Mohammed dahin, vom christlichen Glauben enttäuscht zu sein.

Mohammeds Offenbarung

Nach Darstellung der Muslime erfuhr Mohammed seine Offenbarung, als er im Monat Ramadan des Jahres 610 n. Chr. in einer Höhle auf dem Berg Hira nahe bei Mekka betete. Er wurde von einer Präsenz aufgeschreckt, die ihm Angst einflößte, und begann Worte aufzusagen, die ihm von *Allah* eingegeben wurden. Es waren die ersten Verse des Korans.

Es ist interessant, dass – im Gegensatz zum Christentum, wo

Stephanus und die Apostel vom Heiligen Geist erfüllt wurden –
Mohammed Angst hatte, als er diese göttliche Begegnung hatte, und er sich während der Momente der Offenbarung fürchtete. In anderen Religionen wie dem tibetanischen Buddhismus oder dem haitianischen Voodoo ist das gleiche Phänomen zu beobachten: Wenn ein Geist kommt und eine Person berührt, ist diese Person vor Angst wie gelähmt, und so war es auch bei dem islamischen Propheten.

Mohammed erzählte nur seiner Frau Khadija und seinem Cousin, der Christ war, von seiner Offenbarung. Sie hielten diese Offenbarungen für authentisch und glaubten Mohammed. Er brauchte zwei Jahre, um sich für das Predigen bereit zu fühlen. Doch als er damit anfing, gewann er rasch Anhänger. Zu den ersten Bekehrten gehörten sein Cousin Alī ibn Abī Tālib und sein Schwiegervater Abū Bakr, die beide später eine wichtige Rolle bei der Entwicklung und Verbreitung des islamischen Glaubens spielten. Mohammeds Botschaft von der Fürsorge für die Armen und größere Gerechtigkeit fand bei einigen Menschen seines Stammes Resonanz. Aus seiner eigenen Sicht predigte er nicht wirklich eine neue Religion – was zur damaligen Zeit, da es noch nicht den radikalen Individualismus unserer Zeit gab, auch sehr gewagt gewesen wäre. Er wollte einfach die Menschen zum einen wahren Gott zurückführen – zu dem Gott, über den die Juden und die Christen predigten. In erster Linie führte er die Menschen zum Monotheismus zurück. Mohammed predigte nicht, dass alle anderen Propheten des Judentums und des Christentums (und auch Jesus) falsch waren. Im Gegenteil – er war einfach der Prophet, den *Allah* erwählt hatte, um die *Quraisch* und ganz Arabien auf den richtigen Weg zurückzubringen. Doch die Art und Weise, wie diese Neuordnung stattfand, brachte gewaltige Veränderungen mit sich, wie sich bald zeigen sollte.

Genauso wie die christliche Geschichte mündlich überliefert wurde, bevor sie schriftlich festgehalten wurde, so gab es in Arabien viele Analphabeten (darunter auch Mohammed), die ihre Lehren aus Mohammeds Predigten bezogen und schließlich durch das Rezitieren der Koranverse zwanzig Jahre später.

Mohammeds Nachfolger waren als „Muslime" bekannt, also Menschen, die die völlige Hingabe an *Allah* praktizierten („Islam" bedeutet Hingabe). Es war entscheidend, dass eine neue Glaubensgemeinschaft mit dem Namen *Umma* geformt wurde, um Gerechtigkeit für alle zu erzielen und Gott zu ehren. Dies war eine wichtige Entwicklung im Islam: Gott zu ehren bedeutete, eine neue Gesellschaft auf dieser Erde einzuleiten und nicht erst im Jenseits. Während Jesus davon sprach, dass das Königreich Gottes unter uns sei und er seine Nachfolger aufrief, dieses Königreich zu repräsentieren, war für den Islam eine *irdische politische* Reform vorrangig. Es wurde damit gerechnet, dass die *Umma* einen beständigen Kampf (*Dschihad*) auszufechten habe. Klare irdische Reformen sollten stattfinden. Während Jesus mehrfach klarstellte, dass sein Reich „nicht von dieser Welt" ist (Johannes 18,36; LÜ 84), bestand die Aufgabe der Muslime darin, unmittelbar eine neue Gesellschaft zu errichten. Im Neuen Testament lesen wir, wie Jesus Tische umwarf und den Tempel säuberte, um zu zeigen, wie der auf dem Tempel basierende Glaube verdorben war. Das war ein einmaliges Ereignis. Im Islam dagegen ging es grundsätzlich darum, beständig auf diese Weise zu handeln, sozusagen „Tempel umzuwerfen", auch wenn dazu Krieg geführt werden musste. Diese Neuordnung der Welt bedeutete nicht unbedingt, dass Mohammed sich selbst als den einzigen Propheten ansah, aber es bedeutete, dass sein Mandat, eine Revolution einzuleiten, das letzte Wort hatte; diese Revolution würde absolut sein und schließlich auch – wenn nötig – Gewalt einschließen.

Die Schaffung dieser neuen Gemeinschaft war auch in anderer Beziehung revolutionär. In Arabien bedeutete die Stammesidentität alles, doch Mohammed schuf schließlich einen Verbund mehrerer Stammesgruppen, die nicht durch Blutsbande, sondern durch seine Lehre miteinander verbunden waren. Das war eine radikale Umwälzung, die bedeutete, dass universelle ethische Werte stammesübergreifend übermittelt wurden und sich nicht auf eine kleine Gruppe beschränkten. Ein großer „Stamm" auf der Grundlage eines gemeinsamen Glaubens konnte geschaffen werden, die Stammesidentität spielte keine Rolle mehr. Der Zeitpunkt dieser Vereinigung wird auf 622 n. Chr. datiert. Die ersten Stämme, die dieser Vereinigung beitraten, stammten aus *Yathrib*, was wir heute unter dem Namen Medina kennen, wo Mohammed 632 n. Chr. starb. Die neue Glaubensbewegung, die unter Mohammeds Führerschaft rasch anwuchs, öffnete die Tür für eine Aufgabe des Stammessystems und für die Vereinigung von Millionen als starke Macht unter dem Banner des Islam.

Kämpfe, Tod und Nachfolge

Mohammeds Lehren wurden von einigen Menschen akzeptiert, aber es gab auch andere, die sie ablehnten. Seine Predigten über die Hölle machten den Menschen Angst und die logische Schlussfolgerung seiner Lehren war, dass die Vorfahren der Leute verdammt waren, da diese als Polytheisten gelebt hatten. Da dies für sehr viele galt, war es eine bittere Pille für Mohameds Nachfolger, die sie nur schwer schlucken konnten. Seine Angriffe auf den Materialismus und die Ungerechtigkeit bedrohten solche, die von der unausgewogenen Gesellschaft profitierten. Juden und Christen wiederum fanden zahlreiche Irrtümer und Fehler in seiner Darstellung ihrer Schriften.

Um 616 hatte sich die Beziehung zwischen Mohammed und seinem eigenen Clan, den *Quraisch*, derart verschlechtert, dass das Verbot ausgesprochen wurde, mit Mohammeds Anhängern Handel zu treiben oder sich zu verheiraten. Verfolgungen kamen auf und Mohammeds verehrte Frau Khadija starb. Auch Mohammeds Onkel und Schutzpatron des Stammes, Abu Talib, starb. Talib hatte das Waisenkind Mohammed aufgezogen, dessen Eltern gestorben waren, als er noch ein Kleinkind war. Doch 622 traten einige Stämme, darunter auch solche, die dem Judentum zugeneigt waren, der religiösen Bewegung Mohammeds und seines Schwiegervaters Abu Bakr bei. Mohammed heiratete mehrere Frauen und lebte in Polygamie. Das war damals üblich, um ein politisches Entgegenkommen mit den Stämmen zu finden, die beschlossen hatten, sich ihm anzuschließen. Muslime könnten anführen, dass Mohammeds Sicht auf die Frau liberaler und erhabener war als in der arabischen Gesellschaft üblich, wo Frauen weniger Wert als Kamelen zugesprochen wurde. Mohammed begrenzte die Anzahl von Frauen, die ein Mann haben konnte, auf vier und legte Wert darauf, dass ein Mann in der Lage sein musste, seine Frauen materiell zu versorgen. Das war in der damaligen Gesellschaft fortschrittlich.

624 überfielen Mohammed und seine Leute eine Karawane, und die *Quraisch* schlugen zurück. Die Schlacht von Badr wurde

zur Legende, als die zahlenmäßig weit unterlegenen Muslime die Quraisch geschickt besiegten. Danach erlebten die Muslime eine bedeutende Niederlage in der Schlacht von Uhud im Jahr 625. Zwei Jahre später errangen sie einen durchschlagenden Sieg in der Grabenschlacht. Diese dritte „Wunder-" Schlacht brachte viele dazu, Mohammed als wahren Krieger und Propheten anzusehen, und die Anzahl seiner Anhänger nahm zu.

Die Kriegsführung in Arabien war brutal und wer gewann, hatte die absolute Macht über die Besiegten. Soldaten und auch Frauen und Kinder konnten abgeschlachtet werden. Aus arabischer Sicht mussten sie sterben, damit gemäß dem Prinzip der Blutrache die Besiegten nicht später Rache nehmen würden. Dieses Muster der Angst vor Rache und der völligen Zerstörung kann in der derzeitigen Krise im Irak und Syrien beobachtet werden, wo eine ständige Furcht darüber herrscht, was geschehen wird, wenn die Machtverhältnisse sich ändern und eine besiegte Partei ein Comeback feiert.

Ähnlich wie bei dem Status der Frauen argumentieren viele Muslime und Gelehrte, dass Mohammeds Umgang mit Gewalt viel gemäßigter und zeitgemäßer war, als vom Westen dargestellt wird. Es gab Momente, in denen er Frieden suchte, ohne Gewalt protestierte und den Schutz von Frauen, Kindern und Ungläubigen forderte. Viele Situationen, in denen er eine zivilisiertere Einstellung zeigte, werden angeführt, darunter die Einnahme von Mekka, bei der niemand getötet wurde. Durch die Vereinigung der Stämme unter dem Banner des Islam begann Mohammed den Zyklus extremer Gewalt, der die Arabische Halbinsel vereinnahmt hatte, zu beenden.

Als Mohammed 632 starb, musste entschieden werden, wer die Gemeinschaft führen und welche Form sie annehmen sollte.

Mohammeds Schwiegervater Abu Bakr glaubte, dass die *Umma* einheitlich und unter einem einzigen Anführer weiterbestehen sollte. Einige sprachen sich dafür aus, dass Mohammeds junger Cousin Ali ibn Abi Talib der erste Kalif wurde – also Anführer und Nachfolger des Propheten Mohammed – doch Abu Bakr gewann die Wahl und machte sich daran, die Macht der *Umma* zu festigen. Er setzte seinen Einfluss ein, um die weniger religiösen Stämme im Schoß der Gemeinschaft zu halten und führte erfolgreiche militärische Übergriffe auf das benachbarte Sassanidenreich und das Byzantinische Reich durch. Seine erfolgreiche Herrschaft dauerte nur zwei Jahre, denn er wurde krank und starb.

Die Sunniten verehren Abu Bakr, während die Schiiten glauben, Bakr hätte nie Kalif werden dürfen. Sie meinen, Mohammeds Cousin Ali ibn Abi Talib hätte das Kalifat erhalten sollen. Als Persien 1501 zum unabhängigen Staat Iran wurde, wurde der schiitische Islam die offizielle Religion des Kaiserreichs. Diese alte Spaltung des Islam wurde genutzt, um eine eigene iranische Identität zu formen, die sich von den sunnitischen islamischen Staaten und Reichen unterschied. Die gewaltige Feindschaft zwischen Sunniten und Schiiten geht auf diese Zeit zurück.

Auf den ersten Kalifen, Abu Bakr, folgte Umar I. Er sorgte für eine große Ausweitung der islamischen Welt und erlaubte Juden und Christen, ihren Glauben zu behalten. Er wurde von den Persern als Vergeltung für die rasche islamische Ausbreitung in Persien ermordet. Auf Umar I folgte Uthman, der im Zuge eines Aufstands getötet wurde, und sein Nachfolger Ali ibn Abi Talib wurde ebenfalls ermordet.

Im Laufe der Jahre traten verschiedene Dynastien in Erscheinung, doch das Kalifat endete in der Moderne mit dem

Zusammenbruch des Osmanischen Reiches. Der säkulare erste Präsident der modernen türkischen Republik, Mustafa Atatürk, schaffte das Kalifat 1924 ab.

Am 29. Juni 2014 erklärten IS und sein Anführer Abu Bakr al-Baghdadi, das weltweite Kalifat sei mit al-Baghdadi als Kalif zurückgekehrt. Dieser „historische Augenblick" führte dazu, dass Tausende Muslime aus der ganzen Welt nach Irak und Syrien zogen, um an dem neu gegründeten Islamischen Staat teilzuhaben. Der Kalif beansprucht die politische, militärische und religiöse Autorität über alle Muslime; doch keine islamische Nation und keine islamischen Gelehrten haben Bakr als Mohammeds rechtmäßigen Nachfolger anerkannt. Lediglich andere terroristische Organisationen unterstützen das Kalifat, das verspricht, eine neue, bessere islamische Gesellschaft einzuführen, was aber bisher nicht geschehen ist. Stattdessen wurden die Gebiete, die IS für sich gewinnen konnte, durch Folter, Enthauptungen, Vergewaltigungen und Plünderungen erobert. Unfähig, für die Menschen in den eroberten Gebieten zu sorgen, wird es IS schwerfallen, die Muslime weltweit davon zu überzeugen, dass eine neue, gerechte, islamische Ordnung auf der Erde errichtet wurde. Eine andere Option für IS bestünde darin, zu beanspruchen, dass sein Kalifat der Beginn eines apokalyptischen Endkampfes sei, der die aktuelle Unwirksamkeit von IS rechtfertigen würde. Sowohl die Gegner von IS als auch seine Befürworter berufen sich auf das Leben Mohammeds und die Lehren des Korans, um ihre Sache zu rechtfertigen.

Fragen zum Diskutieren

· ·

Wie sah die präislamische arabische Kultur aus? Wie könnte der Islam davon beeinflusst worden sein? Wie wurde das Christentum von der Kultur geprägt?

Welche Veränderungen wollte Mohammed in der arabischen Stammesgesellschaft vornehmen?

Inwiefern unterscheidet sich das von Jesus erklärte Verständnis des Reiches Gottes von Mohammeds Verständnis der Rolle Gottes in dieser Welt?

Mohammed interessierte sich für den christlichen Glauben, fand jedoch, dass zu viel Uneinigkeit unter Christen herrschte. Glauben Sie, dass dies für das heutige Christentum eine Schwäche oder eine Stärke ist?

Inwiefern war Mohammed ein fortschrittlicher Reformer? Warum wird der Islam heutzutage nicht als fortschrittlich angesehen? Was ist Ihrer Meinung nach passiert?

■ Kapitel 3

DIE GRUNDLAGEN
DES ISLAM

....

D as Thema Islam ist ungeheuer umfangreich. In diesem bewusst sehr kompakt gehaltenen Buch soll ein Verständnis für die aktuellen Ereignisse in der islamischen Welt vermittelt werden. Dieses Kapitel kann daher nur eine grundlegende Einführung in die wichtigsten Glaubensinhalte und Praktiken des islamischen Glaubens bieten.

Der wohl wichtigste Aspekt des Islam, der sich vom christlichen Glauben unterscheidet, ist folgender: Im Christentum wird Jesus Christus verehrt, seine Person, sein Leben und seine Offenbarung stehen im Mittelpunkt und alles andere hängt davon ab; im Islam dagegen wird nicht eine Person, sondern ein Buch verehrt – der Koran. Mit anderen Worten: Das Entscheidende an der Heilsgeschichte ist für Christen die Inkarnation und Auferstehung von Jesus Christus, während sich für Muslime alles um die von *Allah* im Koran wiedergegebenen

Worte dreht. Viele Christen glauben, das Wort Gottes sei von Gott inspiriert und die Worte von bestimmten Personen wie Paulus, Lukas, Johannes etc. dann in ihren Briefen, ihrer Poesie oder ihrem Geschichtsbuch niedergeschrieben worden. Muslime glauben dagegen, der Koran enthalte die direkten Worte *Allahs*.

Der Koran

Im Gegensatz zur Bibel ist der Koran keine Sammlung von Geschichten, Poesie, Gesetzen, Briefen und Geschichtsschreibung. Tatsächlich wirkt der Koran auf Nichtmuslime langweilig und voller Wiederholungen. Der Inhalt wird laut rezitiert und man sagt, es sei wunderschön anzuhören, wenn dies auf Arabisch geschieht. Es handelt sich im Vergleich zur Bibel um ein kleines Buch, das 114 Kapitel (*Suren*) und 6000 Verse enthält, deren Hauptinhalt darin besteht, dass es nur einen einzigen Gott gibt (*Allah*).

Der Koran würdigt die jüdischen Propheten und erkennt an, dass Moses das Gesetz von Gott erhielt. Abraham, Mose und Jesus werden alle als Männer *Allahs* verehrt, doch Mohammed ist derjenige, der die wichtigste Offenbarung empfing. Der Koran bezeichnet Juden und Christen als „Menschen des Buches", wirft ihnen jedoch vor, ihr heiliges Gelöbnis gegenüber *Allah* zu brechen und viele wichtige Aspekte des Glaubens zu vergessen (Sure 5,10-14).[5]

---

5 Muhammad Assad, trans., *The Message of the Quran: The Full Account of the Revealed Arabic Text Accompanied by Parallel Transliteration* (London: The Book Foundation, 2003).

Der Koran lehrt den Monotheismus und Jesus wird als großer Prophet verehrt, doch er wird nicht als Gottes endgültiger Prophet anerkannt und die Muslime glauben nicht, dass er gekreuzigt und auferweckt wurde. In einer Schamkultur wie der arabischen gilt die Art, wie Christus zu Tode kam, als entwürdigend und unannehmbar. Im Koran heißt es: „Während sie ihn doch weder erschlugen noch den Kreuzestod erleiden ließen, sondern er erschien ihnen nur gleich einem Gekreuzigten" (Sure 4,157).

Der auf den Polytheismus in Arabien folgende Islam verwirft das Konzept der Dreifaltigkeit, denn für Muslime bedeutet dies, drei Götter anstatt den einen *Allah* anzubeten: „Glaubet also an Allah und Seine Gesandten, und saget nicht: ‚Drei.' Lasset ab – ist besser für euch. Allah ist nur ein Einiger Gott. Fern ist es von Seiner Heiligkeit, dass Er einen Sohn haben sollte. Sein ist, was in den Himmeln und was auf Erden ist; und Allah genügt als Beschützer" (Sure 4,171).

Im Gegensatz zur Bibel, die in alle Sprachen übersetzt werden kann (und sollte), wird der Koran nur auf Arabisch als Koran angesehen. Arabisch ist die Sprache des Islam, und um ein guter Muslim zu sein, muss man lernen, Arabisch zu lesen und zu rezitieren: „Das sind die Verse des deutlichen Buches. Wir haben es offenbart – den Koran auf Arabisch –, damit ihr verstehet" (Sure 12,1-2). Andere Suren heben ebenfalls die Bedeutung des Arabischen hervor (12,1; 12,2; 20,113; 39,28; 41,3; 41,44; 42,7; 43,3). Das hat weitreichende Folgen, darunter die Tatsache, dass viele Muslime weltweit den Inhalt des Korans nicht wirklich kennen. Darüber hinaus verstehen viele Muslime, selbst wenn sie lernen, auf Arabisch zu lesen und zu rezitieren, nicht wirklich, was sie lesen. Das ist ein sehr großes Problem im

Islam. Das heilige Buch wird verehrt, doch Millionen Gläubige werden in ihrem Innersten und in ihrer Herzenssprache nicht davon berührt.

Das Christentum dagegen ist dazu bestimmt, weltumfassend verfügbar zu sein. Die Bedeutung dieser Tatsache ist nicht zu unterschätzen. Im zweiten Kapitel der Apostelgeschichte wird von Pfingsten berichtet und es wird deutlich, dass die christliche Botschaft in vielen verschiedenen Sprachen zugänglich ist. Damit wird die Voraussetzung für die echte Globalisierung des Christentums geschaffen, die nach dem Bericht in der Apostelgeschichte hinter Antiochia begann. Die Sprache ist die erste Quelle der Identität einer Kultur und die Möglichkeit, allumfassend mit Gott zu sprechen, über ihn nachzudenken, zu schreiben und mit ihm zu kommunizieren und sich sein Wort in seiner eigenen Muttersprache anzueignen, führt zu einer tiefen Verinnerlichung des Glaubens. Diese Tatsache verwirft auch die Idee, dass eine Sprache oder Kultur (so wie die arabische) allen anderen überlegen ist. Stellen Sie sich vor, wie eingeschränkt wir wären, wenn jeder Christ weltweit Aramäisch lesen und sprechen müsste, um Gottes Wort zu verstehen! Es bedeutet auch, dass die Ausbreitung und Vermittlung des christlichen Glaubens globaler sein kann und mehr Kontextualisierung und Integration mit sich bringt als der Islam. Aus diesem Grund sehen wir das Christentum in einer größeren Vielfalt von Kulturen als den Islam. Der christliche Glaube hat zum Beispiel in China, Nigeria und Guatemala explosionsartig zugenommen. Diese drei Länder haben absolut nichts miteinander gemein, doch sie haben alle den christlichen Glauben aufgenommen und ihn sich zu eigen gemacht. Der Islam dagegen ist in und um Arabien herum konzentriert – in einer Kultur, zu der die restliche Welt so gut wie keinen Bezug hat aufgrund der einzigartigen Geschichte, Geografie und Kultur der arabischen Welt. Einige möchten diese Darstellung infrage stellen, aber es ist eine Tatsache, dass keine Religion leichter in vollkommen unterschiedliche Kulturen eingebettet werden kann als das Christentum. Der Koran bietet diese entscheidende Flexibilität nicht.

Der Koran und die Gewalt

Die Frage, ob der Islam in sich eine gewaltbereite Religion ist, wird in Kapitel 5 ausführlich behandelt, denn ich glaube, dass das grundlegende Ethos und die frühen Jahre des Islam eine Kultur geschaffen haben, die von Gewalt und Härte geprägt war und die innerhalb des Islam kaum kritisiert oder reformiert wird. Dabei muss jedoch angemerkt werden, dass der Koran dazu ermahnt, auf unnötige Gewalt oder Aufrufe zur Rache zu verzichten. Ursprünglich hatte Mohammed den Weg der Gewaltlosigkeit gewählt, als er seine Botschaft verbreitete und Anhänger gewann. Er und seine Anhänger litten in Mekka unter Verfolgungen und als er schließlich seine Machtbasis ausbauen konnte, gaben ihm die neuen Offenbarungen die Autorität zu kämpfen.

In Sure 22 wird die Erlaubnis gegeben, dass solche, denen man Unrecht getan hat, kämpfen dürfen: „Erlaubnis (sich zu verteidigen) ist denen gegeben, die bekämpft werden, weil ihnen Unrecht geschah – und Allah hat fürwahr die Macht, ihnen zu helfen" (Sure 22,39).

Doch dann ist in Sure 16,125 zu lesen: „Rufe auf zum Weg

deines Herrn mit Weisheit und schöner Ermahnung, und streite mit ihnen auf die beste Art."

Sure 2,129 erinnert die Muslime daran, dass „Allah allvergebend, barmherzig" ist. Doch direkt die nächste Sure besagt: „Und bekämpfet sie, bis die Verfolgung aufgehört hat und der Glauben an Allah (frei) ist." Tatsächlich gibt es zwar viele Textstellen im Koran, die die Muslime dazu auffordern, Ungläubige zu bekämpfen, doch sie sind meistens von anderen Passagen umgeben, die zur Zurückhaltung auffordern. Für Nichtmuslime mag das widersprüchlich klingen, doch genau dieser Gegensatz wird auch oft von Kritikern der Bibel genannt.

Militante Islamisten stützen sich auf Texte wie in Sure 5,33: „Der Lohn derer, die Krieg führen gegen Allah und Seinen Gesandten und Unordnung im Lande zu erregen trachten, wäre der, dass sie getötet oder gekreuzigt werden sollten oder dass ihnen Hände und Füße abgeschlagen werden sollten für den Ungehorsam oder dass sie aus dem Lande vertrieben würden. Das würde eine Schmach für sie sein in dieser Welt; und im Jenseits wird ihnen schwere Strafe."

Doch die meisten Muslime argumentieren, diese Verse seien aus dem Kontext gerissen und der Islam halte sich an die friedvollen Verse.

Muslime könnten auch bestimmte Verse in der Bibel anprangern, zum Beispiel 2. Mose 15,3 (Hfa): „Der Herr ist ein mächtiger Kämpfer; sein Name ist ‚der Herr'." Oder 5. Mose 7,2 (Hfa): „Der Herr, euer Gott, wird sie euch ausliefern. Ihr sollt sein Urteil an ihnen vollstrecken und sie töten. Verbündet euch nicht mit ihnen, und schont sie nicht!" Oder Psalm 137,9 (Hfa): „Glücklich ist, wer deine kleinen Kinder packt und am Felsen zerschmettert!" Sie könnten auch darauf hinweisen, dass die Stadt Ai in Josua 8 vollständig vernichtet wurde. Christen argumentieren, dass diese Verse aus dem Zusammenhang genommen wurden, doch die Verse über Gewalt im Koran ermöglichen einen offeneren Ausgang. Unweigerlich führt diese Diskussion in eine Sackgasse.

Die Verfolgung und die Angriffe auf Mohammed und seine Anhänger öffneten die Tür zu einer frühen Entwicklung einer Doktrin gerechter Gewalt im Islam. Mohammed und seine Anhänger hatten die Erlaubnis, zurückzuschlagen und Vergeltung zu üben, wenn sie angegriffen wurden. In Kapitel 5 werden wir uns damit beschäftigen, wie diese Neigung zur Militanz im Islam aufgrund bestimmter Faktoren, die im Christentum nicht präsent sind, zunahm. Im Augenblick wollen wir hervorheben, dass genau wie die Christen auf den Koran die Muslime auf Bibelverse zeigen können, die sowohl Gewalt als auch Toleranz beinhalten. Wenn ein Muslim sagt, der Koran spreche sich gegen Gewalt aus, dann meint er das genauso ernst wie ein Christ, der dasselbe über die Bibel sagt. Muslime betrachten die Offenbarung als auf Frieden ausgerichtet, genau wie Christen es mit der Bibel tun. Andere wiederum sehen diese zur Gewalt aufrufenden Texte als maßgeblich an. Für Christen bedeutet die Summe der gesamten christlichen Theologie im Leben und Zeugnis des Christus eine wichtige Rezension und Referenz für alles, was die christlichen Schriften beinhalten, weil „das Wort Fleisch wurde". Im Islam gibt es keine solche Entwicklung, daher musste ein anderer Weg gefunden werden, mit diesen Texten umzugehen.

Die Lehre der Aufhebung
und der *Hadith*

Der Koran scheint sich häufig zu widersprechen. Das war für Muslime eine Herausforderung und es stellte sich die Frage, wie bestimmte Verse zu interpretieren seien. So wurde die Lehre der Aufhebung ins Leben gerufen, die den Versen, die Mohammed später empfing, die letzte Autorität verlieh. Wie wir bereits gesehen haben, empfing Mohammed umso mehr Offenbarungen, die Vergeltung befürworten, je mehr er und seine Anhänger bedrängt wurden. Einige islamische Gelehrte erklären, dass die späteren Verse gegeben wurden, um Korrekturen anzubringen, da die Muslime zu Beginn noch nicht für die gesamte Offenbarung bereit waren; die späteren Verse wurden mit der Zeit in kleineren Einheiten offenbart, damit sie verstanden und umgesetzt werden konnten.

Der Koran ist zudem voller Wiederholungen und deckt nicht eine große Bandbreite von Themen ab wie die Bibel. Da der Islam weiter zunahm und begann, ein Reich zu bilden, brauchte die *Umma* mehr Klarheit darüber, was Mohammed gesagt hatte oder was er in bestimmten Situationen getan hätte. Der Koran bietet nicht so viel Anleitung bezüglich des Handelns einer Gemeinschaft von Gläubigen wie sie das Alte und Neue Testament für Juden und Christen bietet. So gibt es beispielsweise keinen persönlichen ethischen Kodex. Daher wurde der *Hadith* entwickelt, dessen Existenz sich auf den Koran in Sure 2,151 gründet, wo *Allah* mitteilt, dass er Weisheit vermitteln werde. Als „Weisheit" wurde diese zusätzliche Quelle der Offenbarung angesehen, die auf dem Leben Mohammeds basiert. Das ist an sich widersprüchlich, da Mohammed als normaler Mensch angesehen wird, der lediglich eine Quelle der Offenbarung war. Dennoch wurde mit der Entwicklung des *Hadith* der Status Mohammeds auf eine Weise angehoben, die so eigentlich nicht vorgesehen war.

Während der Dynastie der *Abbasiden* (750–935 n. Chr.) argumentierte ein Mann aus Gaza, Ägypten, mit Namen Muhammad Idris Ibn al-Shafii, Mohammed habe nicht nur den Koran vorgetragen, sondern auch für jedermann interpretiert, wie er auszuleben sei. Die Leute sollten sich die gesicherten Worte und Taten der Propheten anschauen, so wie sie von anerkannten muslimischen Autoritäten aufgezeichnet worden waren, die ihre Beziehungen direkt bis auf den Propheten Mohammed zurück nachweisen konnten. Kurze erzählende, mündliche Traditionen über Mohammed wurden verbreitet, und nur wenn sie aufgeschrieben wurden, galten sie als *Hadithe*. Sie wurden dann auf vielfältige Weise klassifiziert, um zu bestimmen, welche Traditionen aufschlussreich für die Anleitung der Gläubigen waren und welche nicht. Andere heilige Männer nahmen an diesem Projekt teil und so wurde ein vollständigeres Bild möglich, wie Mohammed gehandelt und sich verhalten hatte.

Offene Kritik, Textkritik und Debatten über den Koran sind nicht so verbreitet wie im Christentum, doch es gibt eine Tradition der Überprüfung des *Hadith* durch die Muslime. Dazu gehören auch Streitigkeiten über verschiedene Versionen des *Hadith* und die Unterschiede zwischen ihnen, was insbesondere *Sunniten* und *Schiiten* entzweit. Die Kombination der vielen verschiedenen *Hadithe*, die entstanden, und des Koran sorgte für ein vollständigeres Verständnis davon, wie das Leben in der islamischen Welt aussehen sollte.

Die Scharia

Das führte zur Entwicklung der *Scharia*, was schlicht und einfach „Gesetz" bedeutet (einige machen den Fehler, von dem „Scharia-Gesetz" zu sprechen, was ein Pleonasmus ist). Während es im Christentum vorrangig um den richtigen theologischen Glauben geht, dreht sich der Islam wie das Judentum in erster Linie um das richtige Verhalten. Der Alltagsglaube von Muslimen leitet sich mehr aus der *Scharia* und dem *Hadith* ab als aus dem Koran, was einer der Gründe für die Schwierigkeit ist, im Islam Gewalt zu verurteilen. Schließlich wurden verschiedene Gesetzesschulen ausgebildet, die als gültig anerkannt wurden. Ähnlich wie die Entwicklung der christlichen Theologie seit der Zeit Christi bis in unserer moderne Zeit hinein ist auch die theologische Geschichte des Islam viel komplexer und vielfältiger, als Nichtmuslime im Allgemeinen denken. So wie die frühe christliche Kirche Konzile abhielt, die neue Doktrinen und eine theologische Sprache entwickelten, die zu Reformationen und Gegenreformationen führten, blickt auch der Islam auf eine lange Geschichte voller Debatten und Entwicklungen zurück. Die Bilder im Fernsehen vermitteln den Eindruck eines monolithischen, einfältigen Glaubens, doch in Wirklichkeit gab es zahllose islamische Schulen, darunter Bewegungen und Gegenbewegungen, die zu einer enormen Vielfalt führten.

Die Sunniten beispielsweise leiten die Scharia von vier Quellen ab: 1) dem Koran; 2) der *Sunna* – dem Beispiel Mohammeds, wie es im *Hadith* gefunden wird; 3) *Qiyas* – darin werden Parallelen zwischen ähnlichen Situationen oder Grundsätzen aufgeführt, wenn im Koran oder in der *Sunna* kein klarer Text zu einer Frage zu finden ist; 4) dem Konsens, bekannt als *Idschma*, der auf dem Glauben basiert, dass Muslime in der Lage sind, völlig miteinander übereinzustimmen. Tatsächlich war dies unmöglich ohne einen Klerus, den es im sunnitischen Islam nicht gibt. Daher wurden *Ulama* oder Gelehrte, die den Koran und den *Hadith* studieren, eingesetzt. Es gibt vier wesentliche Rechtsschulen. Einige konzentrieren sich mehr auf den Koran, andere auf den *Hadith* und wieder andere auf den *Idschma*. Diese unterschiedlichen Gewichtungen führen zu Gesetzesvariationen.

Die *Hanafiten*-Rechtsschule ist eher liberal und erlaubt es Muslimen, Nichtmuslime zu heiraten. Diese Schule stützt sich vor allem auf *Qiyas* und wird in der Türkei, im Libanon, Syrien, Jordanien, Ägypten, auf dem Balkan und in Ländern Zentralasiens angetroffen, zudem in Ländern des asiatischen Subkontinents wie Indien und Bangladesch, aber auch unter der muslimischen Minderheit in China.

Die *Malikiten*-Rechtsschule bezieht sich maßgeblich auf den *Hadith* und wird in Ägypten, Nordafrika, Kuwait, Katar, Bahrain, den Vereinigten Arabischen Emiraten und einigen Teilen Saudi-Arabiens angetroffen.

Die *Schafiiten*-Rechtsschule konzentriert sich mehr auf den *Idschma* und wird in Somalia, Äthiopien, Dschibuti, Kenia, unter den Kurden, in Palästina, Indonesien, Malaysia, Sri Lanka, Singapur, Thailand, Brunei, den Philippinen und anderen Gebieten Asiens angetroffen.

Die *Hanbaliten* wiederum konzentrieren sich auf eine extreme, wortwörtliche Auslegung des Korans, lehnen Muslime anderer Schulen ab und werden vor allem in den Golfstaaten Saudi-Arabien, Oman und den Vereinigten Arabischen Emiraten angetroffen. Die sehr militanten *Wahhabiten* Saudi-Arabiens sind ein Beispiel hierfür.

Zusätzlich zu diesen sunnitischen Rechtsschulen gibt es weitere im schiitischen Islam (der über einen Klerus verfügt) und weitere Rechtsschulen existieren unter kleineren islamischen Sekten. Die *Scharia* beeinflusst das tägliche Leben in weiten Bereichen – insbesondere das Familienleben. Ob Frauen komplett verschleiert sein müssen oder Auto fahren dürfen, ob die Menschen Alkohol trinken oder Nichtmuslime heiraten dürfen und auch viele andere alltägliche Praktiken hängen davon ab, welche Rechtsschule der *Scharia* angewandt wird. Es ist wichtig zu beachten, dass viele Muslime in den USA nicht unter der *Scharia* leben und das auch nicht wollen. Sie genießen es, nicht all die Einschränkungen zu haben, die in ihren Heimatländern gelten. Während in Europa Gruppen unzufriedener Einwanderer bestehen, die versuchen, in ihrem Stadtviertel unter der *Scharia* zu leben, ist dieses Problem in den Vereinigten Staaten nicht präsent, wo die Muslime in der Gesellschaft größere Akzeptanz erfahren und wirtschaftlich erfolgreicher sind. Darauf können die Amerikaner stolz sein und diese Tatsache sollte die Angst vor den Muslimen in den USA abbauen.

Darüber hinaus hat die Annahme eines einheitlicheren islamischen Kodex im Verlauf der Geschichte des Islam nicht immer zu rückständigem Denken oder ständiger Gewalt geführt. Derzeit denken wir vereinfachend bei dem Begriff *Scharia* an eine Form des islamischen Gesetzes und an Gruppen wie die Taliban – primitiv, gewalttätig und ständig Freiheiten beschneidend. Es gab lange Perioden in der islamischen Welt, in denen Innovationen, Frieden und wohlüberlegte theologische Komplexität herrschten. Die islamische Zivilisation wäre nicht so erfolgreich geworden, wenn sie so primitiv wie der Glaube der

Taliban oder des Islamischen Staates (IS) gewesen wäre. Damit der Islam blühen konnte, musste ein Gesetz entwickelt werden, das gerechte Gerichte, Systeme angemessener Führung und Wege des Umgangs mit Nichtmuslimen aufzeigt. Die über tausendjährige Geschichte des Islam lässt sich nicht einfach mit der Aussage „*Allah* ist Gott und alle Ungläubigen sollen getötet werden" zusammenfassen, gefolgt von unaufhörlichem Töten und Plündern. So schwarz-weiß sind die Dinge nicht. Es gab Zeiten einer großen erfolgreichen Zivilisation. Während Christen den Islam, den Buddhismus oder den Hinduismus nicht als den richtigen Weg anerkennen, sollten sie dennoch begreifen, dass diese alten zivilisatorischen Religionen hoch komplizierte Theologien aufweisen, denen man mit einfachen Verallgemeinerungen nicht gerecht wird.

Wenn eine Gruppe wie Boko Haram oder IS für sich beansprucht, die *Scharia* einzuführen, dann führt sie schlichtweg ihre Auslegung des Gesetzes ein. Natürlich tendiert diese Auslegung zur extremen und intolerantesten Version, damit Vergewaltigung, Plünderung und Versklavung gerechtfertigt werden können. Eine erfolgreiche Gesellschaft auf Gewalt und Mord aufzubauen, ist schlichtweg nicht möglich, auch nicht im Islam. Irgendwann muss eine Form der Ordnung die Oberhand gewinnen, um der Anarchie vorzubeugen, und in der Geschichte des Islam hat die *Scharia* in weiten Teilen diese Ordnung geboten. Da es im Islam keinen Papst oder keine höchste religiöse Autorität gibt, kann die *Scharia* auf vielfältige Weise ausgelegt werden. Es gibt viele Muslime, die unter einer strengen Form der *Scharia* leben und an einem Fundamentalismus festhalten, der den Buchstabenglauben lehrt und für ein extrem bescheidenes Äußeres von Frauen, Sexismus, Misstrauen gegenüber allem Modernen und für schwere Strafen plädiert – wie in Saudi-Arabien, wo Steinigungen und Enthauptungen üblich sind. Doch nicht alle islamischen Gesellschaften folgen dieser Form der Scharia. Andere Nationen der arabischen Welt praktizieren eine eher westlich geprägte Justiz. Wieder andere, wie manche Stämme in Afrika, sind zwar Muslime, leben aber vollständig nach ihren lokalen Stammesgesetzen. Dann gibt es Muslime, die die Scharia vollständig ignorieren, was für viele Muslime in den USA gilt, die stark säkularisiert sind und sich der liberalen Demokratie verbunden fühlen. Ganz sicher ist es nicht so, dass alle fundamentalistischen Muslime die Scharia praktizieren und sich politisch und mit Gewalt engagieren, weil sie glauben, die Angelegenheiten dieser Welt sollten Allah überlassen werden – auch wenn sie nicht glücklich sind über das, was sie in der modernen Welt beobachten.

Dschihad

Der Dschihad ist ein weiteres Schlüsselelement des islamischen Glaubens. Seine Definition ist komplex und bedeutet nicht unbedingt gewaltsamen Kampf. Das ist nur *eine* Interpretation, und sicherlich diejenige, auf die sich militante Muslime beziehen. Dschihad bedeutet im Arabischen „Anstrengung" oder „Bemühung". Die Doktrin, Dschihad als „Kampf" zu verstehen, entwickelte sich später in der Geschichte des Islam und sanktioniert den defensiven und/oder offensiven Heiligen Krieg, wenn sich der Islam von Nichtgläubigen bedroht fühlt. Einige Muslime erklären, der Kampf bestünde darin, ein gutes Leben zu führen (und stimmen damit mit der eigentlichen sprachlichen

Bedeutung überein) – und nicht darin, durch Gewalt oder Krieg Andersgläubige zu unterwerfen. Andere haben den *Dschihad* durchgeführt, um spezifische lokale Probleme oder Gebietsstreitigkeiten zu beheben. Islamische Gelehrte führen aus, es gebe verschiedene Formen des *Dschihad*, während militante Muslime davon überzeugt sind, man müsse gegen Nichtmuslime einen ständigen Krieg führen, bis sie sich unterwerfen oder ausgelöscht sind. Wie für viele andere Aspekte des Islam gilt auch hier, dass sich im Laufe der Zeit viele Denkschulen entwickelt haben, und diejenige, der am meisten Aufmerksamkeit zuteilwird, ist die gewaltsamste Auslegung des *Dschihad*. Dagegen ist es wahr, dass es keine weitverbreitete islamische Doktrin des Pazifismus gibt, obwohl manche Muslime den Pazifismus praktizieren.

Die fünf Säulen des Islam

So wie es im Christentum große Unterschiede zwischen Katholiken, Orthodoxen, Lutheranern, Evangelikalen, Pfingstlern und anderen Verzweigungen des Glaubens gibt, so ist es auch im Islam. Es gibt jedoch einige entscheidende Gemeinsamkeiten: Muslime glauben an *Allah*, an Mohammed als seinen Gesandten und an den Koran als die Botschaft *Allahs*. Die grundlegenden Vorschriften für Muslime sind als „Die fünf Säulen des Islam" bekannt. Sie lauten wie folgt:

1) **Schahada:** Das Glaubensbekenntnis: „Es gibt keinen Gott außer Allah und Mohammed ist sein Prophet."
2) **Salat:** Ritualgebet, bei dem sich die Muslime in einer vorgeschriebenen Weise verbeugen. Für Sunniten gilt das

Ritualgebet fünfmal pro Tag (in der Morgendämmerung, am Mittag, Nachmittag, bei Sonnenuntergang und am Abend). Einige rituelle Reinigungen können nötig sein, um sich für die Gebetszeit zu reinigen. Das Gebet muss in Richtung der *Kaaba* in Mekka gesprochen werden. Oft wird ein Gebetsteppich benutzt. Die gemeinsame Gebetszeit der Gemeinde findet freitags mittags statt, in der Regel gefolgt von einer Predigt des *Imam* oder Gebetsleiters. Frauen und Männer haben in der Moschee getrennte Bereiche zum Beten.

3) **Zakat:** Almosen für die Armen. Das kann Geld, aber auch Handelswaren wie Metalle oder Lebensmittel sein. Persönliche Gegenstände können nicht als Almosen gegeben werden.

4) **Saum:** Fasten während des heiligen Monats *Ramadan*, der auf dem neunten Monat des Mondkalenders basiert. Das Fasten beginnt mit der Morgendämmerung und endet mit dem Sonnenuntergang. Die Muslime verzichten in dieser Zeit auf Essen, Trinken, Rauchen und Geschlechtsverkehr. In vielen Ländern versammeln sich die Familien bei Sonnenuntergang, um gemeinsam zu essen und bis spät in die Nacht zu feiern. Manchmal wird eine Mahlzeit kurz vor der Morgendämmerung eingenommen. Es wird empfohlen, während des Fastenmonats den gesamten Koran zu lesen. Nach der Tradition wurde der Koran am 27. Tag des Ramadan, auch bekannt als „Nacht der Bestimmung", herabgesandt.

5) **Hadsch:** Pilgerreise nach Mekka. Sie ist für jeden gesunden Muslim einmal im Leben Pflicht. Wer die Pilgerreise vollzogen hat, wird als „*Hadschi*" bezeichnet. Die Pilgerreise findet während der letzten zehn Tage des zwölften Monats des Mondkalenders statt und jährlich nehmen rund zwei

Millionen Menschen aus der gesamten islamischen Welt daran teil. Die saudi-arabische Regierung muss das Ereignis koordinieren und die Anzahl der Pilger jährlich begrenzen. *Hadsch* ist eins der spektakulärsten religiösen Phänomene weltweit – besonders wenn die Massen von Menschen die *Kaaba* in der Großen Moschee in Mekka gemäß einem Ritual umrunden, das als *Tawaf* bezeichnet wird. Weitere Rituale bestehen darin, Steine auf den Satan zu werfen und ein Tier zu opfern. Die Menschenmassen sind so enorm, dass häufig Menschen zu Tode getreten werden.

Während die meisten Muslime weltweit den Koran lesen, die *Hadithe* befolgen und die fünf Säulen des Islam friedlich praktizieren, gibt es innerhalb des Islam kleine terroristische Gruppen und Bewegungen, die gewalttätig sind. Andere praktizieren eine strenge Form der *Scharia*. Natürlich werden diese extremen Ausprägungen an vielen Orten nicht praktiziert, doch überwiegend wird alles, was nicht der islamischen Denk- und Verhaltensweise entspricht, so gut wie nicht toleriert. Die Lehren dieser verschiedenen Quellen und die Art und Weise, wie sie komplett in ethnische, Stammes- und Familienidentitäten eingebunden werden, sorgen dafür, dass Beziehungen zwischen Christen und Muslimen vielerorts sehr angespannt sind und Bekehrungen selten und dünn gesät sind.

Fragen zum Diskutieren

....

Überrascht es Sie zu lesen, dass der Koran viele christliche und jüdische Ideen beinhaltet? Warum war das so?

Was ist mit der Aussage, das Christentum sei eine globalere Religion als der Islam, gemeint? Inwiefern übermittelt sich die Bibel kulturübergreifender als der Koran?

Wie würde es sich auswirken, wenn Christen die Bibel nur auf Aramäisch lesen dürften?

Wie rechtfertigen Christen Bibeltexte, die Gewalt enthalten? Inwiefern unterscheiden sie sich darin von Muslimen? Inwiefern könnten wir Christen aus muslimischer Sicht wie Heuchler aussehen?

Inwiefern bewirkt die Scharia vielfältige Formen des Islam?

Was halten Sie von den fünf Säulen des Islam? Gibt es welche, die Ihnen besonders ins Auge fallen?

Kapitel 4

DIE HERAUSFORDERUNG, MUSLIME ZU ERREICHEN

....

L eider ist die Wahrscheinlichkeit, dass ein Leser dieses Buches einen Muslim zur Bekehrung zum Christentum führt, verhältnismäßig gering. Dafür gibt es gute Gründe, die wir uns genauer ansehen werden. Wir sollten jedoch nicht die Hoffnung aufgeben, denn viele Muslime wenden sich täglich Jesus Christus zu – allerdings nicht immer so, wie wir es erwarten. Dieses Kapitel verfolgt nicht das Ziel, eine Übersicht über Methoden zur Bekehrung von Muslimen zu bieten. Es gibt Bücher und sogar Programme und Missionsgesellschaften, die sich auf diese Aufgabe spezialisiert haben. Ich werde mich stattdessen darauf konzentrieren, warum es so schwierig ist, Muslime zu erreichen und warum dessen ungeachtet tatsächlich Bekehrungen stattfinden.

Durch Bekehrung wird die eigene Welt auf den Kopf gestellt

Ich will mit ein paar einfachen Fragen an den Leser beginnen: „Wie stehen die Chancen, dass Sie sich je in diesem Leben zum Mormonentum bekehren?" – „Wie groß ist die Wahrscheinlichkeit, dass Sie sich zum Hinduismus bekehren – was einschließen würde, dass Sie nicht nur die Dreifaltigkeit und Ihre Form des althergebrachten christlichen Glaubens, sondern die gesamte christliche Weltsicht aufgeben würden?" Ich vermute, dass der christliche Leser dieses Buches mit allergrößter Wahrscheinlichkeit niemals einen solchen Schritt tun wird.

Warum ist es schwierig, sich zum Mormonentum zu bekehren?

- Es ist nicht die Form des christlichen Glaubens, die Sie als richtig ansehen.
- Es ist nicht der Glaube, der Ihnen Trost und Geborgenheit geschenkt hat.
- Es würde bedeuten, dass Sie Ihre Gemeinde verlassen und vermutlich Freunde verlieren würden.
- Die Dreifaltigkeit wird hier anders ausgelegt.
- Sie fühlen sich mit den geheimen Tempelritualen nicht wohl.

Warum ist es schwierig, sich zum Hinduismus zu bekehren?

- Sie hätten keine Unterstützung (keine anderen Hindus in Ihrem Umfeld).
- Das westliche Weltbild müsste zugunsten einer östlichen Weltsicht aufgegeben werden.

- Sie spüren, dass der hinduistische Glaube für Inder ist.
- Sie müssten Ihre Essgewohnheiten verändern.
- Ihre übrige christliche Familie sieht den Hinduismus als eine heidnische Religion, als satanisch usw. an.

Für einen Christen, der in der westlichen Kultur beheimatet ist (mit oftmals sehr ausgeprägten Ansichten über den rechten Glauben und die absolute Wahrheit) ist es unendlich schwer, sich zum Hinduismus zu bekehren, und für Muslime ist es vermutlich sogar noch schwieriger, sich zum Christentum zu bekehren.

Viele Muslime wachsen in Gesellschaften und Kulturen auf, in denen jeder als Muslim geboren wird. Es ist eine kulturelle, historische, familiäre und einen Stamm betreffende Bestimmung – nicht einfach nur eine Religion. Erst in den letzten Jahrhunderten (vor allem im Westen) wurde die Religion von der Kultur, der Familie und der Zivilisation getrennt. Menschen in der westlichen Welt zeichnen sich dadurch aus, dass sie Religion als einen Aspekt ihres Lebens betrachten, den sie freiwillig wählen oder ablehnen können. Die meisten Muslime (und die meisten Menschen im Laufe der Geschichte) sind nicht mit einer so individualistischen Haltung aufgewachsen, die die Religion in eine Sphäre verbannt, die nicht mit unserem Leben als Ganzes und unserer Identität zu tun hat.

Darüber hinaus bedeutet die Tatsache, dass die Religion die nationale, ethnische, familiäre und die Gesellschaft betreffende Identität vollständig dominiert, dass es keinen Alltag außerhalb der Religion gibt. Es ist beinahe unmöglich, die russische Kultur von ihrer Geschichte der russisch-orthodoxen Kirche oder die polnische von der römisch-katholischen Kirche zu trennen.

Daher erstaunt es nicht, dass die evangelikale Ausrichtung des christlichen Glaubens weder in Russland noch in Polen wirklich Fuß fassen kann. Rituale, Festtage, Feiertage, Namen und viele andere Faktoren der Gesellschaft sind tief in den religiösen Glauben dieser Nationen eingebettet. In muslimischen Ländern ist dies noch viel stärker der Fall. Pakistan und Bangladesch wurden von Indien getrennt, um eine muslimische Nation zu bilden, getrennt von der vom Hinduismus dominierten indischen Nation. Die Säkularisierung nimmt zu, doch eine völlige Bekehrung zu einem Glauben einer anderen Zivilisation ist äußerst selten.

Ein weiteres Problem besteht darin, dass die Konsequenzen sehr ernst sein können. Wenn man sich zu einem anderen Glauben bekehrt, wird man möglicherweise von seiner Familie verleugnet, man findet keinen Job in seinem Land, man findet keinen Ehepartner oder man erlebt, dass einem die Kinder weggenommen werden. In der islamischen Welt kann eine Bekehrung zum Christentum dazu führen, dass man getötet wird, weil man Schande über die Familie gebracht hat. Die Worte Jesu „Wenn einer mit mir gehen will, so muss ich für ihn wichtiger sein als seine Eltern, seine Frau, seine Kinder, seine Geschwister" (Lukas 14,26; Hfa) erhalten in diesem Zusammenhang ihren vollen Sinn: Jesus nachzufolgen bedeutet, mit der Welt und der Zivilisation zu brechen, die man bisher kannte – und es ist möglicherweise die eigene Familie, die den Abtrünnigen am härtesten bestraft.

Dazu kommt, dass viele Muslime das Evangelium nie gehört haben, doch sie beobachten die westliche, „christliche" Kultur und empfinden sie als dekadent und heuchlerisch. Wie kann eine „christliche Nation" erlauben, dass sich die Frauen so kleiden, wie sie es tun; wie kann sie erlauben, dass pornografische Filme produziert werden, dass Kinder nicht zum Respekt für die Eltern erzogen werden und wie kann eine christliche Nation ständig in Kriege verwickelt sein? Die Antwort lautet natürlich, dass die westliche Gesellschaft nicht ganzheitlich von christlichen Werten bestimmt ist. Ihr liegen christliche, antike römische, antike griechische und säkulare humanistische Werte zugrunde. Aus muslimischer Sicht sollte diese Trennung von Gesellschaft und Religion nicht existieren. Unsere westlichen Probleme werden als ein Problem mit unserer Religion beziehungsweise als Beweis unseres Mangels an Religion angesehen. Christliche Fundamentalisten sehen die Dinge ähnlich.

Da dort, wo ein Muslim wohnt, vermutlich nicht viele Christen wohnen, gehören diese zu einem rivalisierenden Stamm; oder aber Muslime kennen das Christentum nur von dem, was sie im Westen beobachten – die Vorurteile sind enorm. Die meisten Muslime sind von der Frömmigkeit der Christen nicht beeindruckt, immerhin können sie sich im Vergleich zu ihnen noch nicht einmal dazu aufraffen, fünfmal am Tag zu beten.

Wenn Anhänger eines bestimmten Glaubens in einen anderen Stamm oder eine fremde Nation eindringen (was für die meisten muslimischen Nationen gilt), dann ist es schwierig, sich für den Glauben dieser Menschen zu öffnen – egal was sie sagen. Genauso wie viele Angehörige der westlichen Kulturen kein Verständnis dafür haben, dass Muslime uns sagen, „der 11. September hat nichts mit dem Islam zu tun", genauso sinnlos klingt es für muslimische Ohren, wenn Christen sagen, der westliche Kolonialismus, Imperialismus oder andere Übergriffe in die islamische Welt hätten keinen Bezug zum christlichen Glauben.

Schließlich leben viele Muslime in Ländern, in denen der christliche Glaube illegal ist oder das Missionieren verboten und möglicherweise mit dem Tod bestraft wird. Nur wenigen Christen (in der Regel mit einem völlig anderen zivilisatorischen Hintergrund und einer anderen Weltsicht) gelingt es, sich muslimischen Gemeinschaften anzunähern. Wenn christliche Evangelisten erst einmal vor Ort sind, kann es noch viel Zeit beanspruchen, um Vertrauen aufzubauen und Beziehungen zu knüpfen, und all das muss im Untergrund oder im Verborgenen geschehen. Es ist ein zeitraubender, entmutigender und häufig gefährlicher Prozess, der in der Regel nicht zu vielen Bekehrungen führt.

Interessanterweise haben die Anschläge vom 11. September dazu geführt, dass Amerikaner und Europäer nicht wollen, dass Muslime in ihre Länder kommen und versuchen, die Menschen zum Islam zu bekehren, während westliche Christen ihre Bemühungen, dasselbe in muslimischen Ländern zu tun, verstärkt haben, wobei sie in der Regel die lokalen Gesetze brechen. Wir tun das mit dem Anspruch, „Gottes Willen zu erfüllen" und dem Missionsauftrag nachzukommen. Doch Muslime denken genauso und glauben, es sei ihre von Gott auferlegte Pflicht, den Islam zu verbreiten.

Bekehrung in der islamischen Welt

Die gute Nachricht lautet, dass sich trotz dieser Schwierigkeiten viele Muslime zum christlichen Glauben bekehren. Selten geschieht dies, weil westliche Missionare eine christliche systematische Theologie studiert und Muslime in theologischen

Debatten übertrumpft hätten. Solche Formen der Verteidigung der christlichen Lehre haben ihre Wurzeln in einer westlichen, nachaufklärerischen Denkweise, in der Offenbarung und die mystischen Elemente unserer Welt zugunsten einer systematischen, rationalen Erklärungsform spiritueller Themen heruntergespielt werden. Das funktioniert in der islamischen Welt größtenteils nicht sehr gut – übrigens auch nicht in der christlichen Welt außerhalb Westeuropas und der USA. Wir westlichen Christen legen viel Wert auf „Fakten" und einen „wissenschaftlichen Ansatz", weit mehr als die meisten Muslime, Christen, Buddhisten und Hindus weltweit. Für die meisten von ihnen ist die Welt erfüllt von mystischen, geheimnisvollen und unerklärlichen Dingen und sie können täglich damit in Berührung kommen. Interessanterweise legen viele Evangelikale so viel Nachdruck auf ihre Fähigkeit, moderne Techniken und „rationale Abhandlungen" über die Theologie zu entwickeln, um Muslime zum Christentum zu bekehren. Doch damit liegen sie völlig daneben und sie treffen in keiner Weise die Weltsicht der Muslime.

Muslime werden eher durch Träume, Visionen oder das Erleiden von Verfolgung zum christlichen Glauben gelangen, nicht so sehr durch das Lesen einer wahren Bekehrungsgeschichte. Manchmal erleben sie übernatürliche Wunder. Es gibt Muslime, die von Jesus, so wie er im Koran beschrieben wird, fasziniert sind und ihn bitten, sich ihnen zu offenbaren, und er tut es! Wieder andere rufen zu Gott, um die Wahrheit zu finden, und Christus erscheint ihnen in Träumen und Visionen.

Zudem erreichen sowohl Christen als auch Muslime durch das Internet eine größere Zuhörerschaft. Jedermann kann zu jeder Zeit über Youtube religiöse Predigten abrufen. Alte Ideen werden durch das Internet und die Globalisierung infrage gestellt, aber es können dadurch auch alte Vorstellungen, Credos und Glaubensinhalte bestätigt werden.

Erstaunliche Nachrichten aus der islamischen Welt

Wenn auch die Nachrichten aus der islamischen Welt oftmals entmutigend sind, verlieren Sie nicht die Hoffnung! Gott ist am Werk! Zwar stimmt es, dass sich der Islam in einer gefährlichen Phase befindet, dass Christen verfolgt werden und dass es nach wie vor schwierig ist, Muslime zum christlichen Glauben zu führen – doch Gott wirkt auf wunderbare Weise, und davon wird in den Nachrichten nicht berichtet (was vielleicht auch gut ist). Mitten in all dem Chaos treten christliche Erweckungen in der islamischen Welt auf.

In der gesamten 1400-jährigen Geschichte des Islam gab es nur dreizehn Bewegungen muslimischer Gemeinschaften, die sich Christus zugewandt haben. Das ist eine sehr geringe Zahl. Doch es gibt erstaunliche neue Zahlen: Zu Beginn des 21. Jahrhunderts und nach den Anschlägen vom 11. September 2001 sind zusätzliche 69 Bewegungen zu verzeichnen.[6] Das ist einfach überwältigend!

Die Geschwindigkeit, mit der sich diese Bewegungen entwickeln, ist ungewöhnlich, erfreulich und ermutigend. Dennoch ist dies noch immer eine relativ kleine Zahl verglichen mit den anderthalb Milliarden Muslimen, die es weltweit gibt.

---

6 David Garrison, A Wind in the House of Islam: How God is Drawing Muslims around the World to Faith in Jesus Christ (Monument: WIGTake Resources), Pos. 325, Kindle-Edition.

Warum bekehren sich Muslime zum christlichen Glauben?

Das Internet verleiht den radikaleren Elementen des Islam mehr Macht. Doch seit dem 11. September 2001 wurde die islamische Welt auch mit einer Fülle alter, ungelöster Probleme konfrontiert. Dies und andere Aspekte erklären den plötzlichen Anstieg christlicher Bewegungen. Ich möchte einige Gründe benennen, warum sich Muslime mehr denn je zum Christentum bekehren:

Desillusionierung durch den militanten Islam

Das Aufkommen von al-Qaida, IS und anderen militanten islamischen Gruppen hat innerhalb des Islam zu einer zunehmenden Desillusionierung geführt. Zahlreiche Muslime verabscheuen oder schämen sich für die Angriffe auf Unschuldige, die brutale Grausamkeit der militanten Muslime, die ständigen Spaltungen innerhalb des Islam. Andere erleiden persönliche Verfolgung und so wenden sich immer mehr Muslime entweder generell von jeder Religiosität ab oder aber dem Christentum zu. In der ganzen islamischen Welt gibt es christliche Untergrundbewegungen und per Radio, Podcasts, Youtube, durch Untergrundmissionare und Entwicklungshelfer hören Muslime das Evangelium und öffnen sich für Jesus Christus.

Ein Beispiel: Die Flüchtlingscamps in Jordanien, die durch den Krieg in Syrien stark angewachsen sind, bilden mittlerweile die zweitgrößte Stadt des Landes. Christliche Gemeinden entstehen in diesen Zeltstädten, wo die Menschen hören, dass es einen besseren Weg gibt. Dieser neue Glaube dreht sich um einen persönlichen Gott, der sich um seine Leute kümmert und Vergebung und Heilung anbietet, im Gegensatz zu den auf

Ritualen basierenden Erwartungen oder der Aufforderung, seinen Nachbarn zu hassen. Seinen Nachbarn zu hassen, ist ermüdend und beständige Wut ist ungesund. Die persönliche Beziehung zu Gott und der Friede des christlichen Glaubens bieten einen starken Kontrast zum islamischen Glauben, den sie bisher kannten. Der christliche Glaube bringt den Flüchtlingen tiefen Frieden.

Die Tatsache, dass Gruppen wie IS ständig aus dem Koran zitieren, öffnet die Herzen für die Bibel und führt dazu, dass immer mehr Muslime dem Koran kein Vertrauen mehr schenken. Wenn militante Muslime den Koran zitieren, während sie Freunde, Familien und Nachbarn töten, dann fragen sich viele Muslime, was es mit diesem „heiligen Buch" wirklich auf sich hat. Plötzlich ist es wichtig und attraktiv für sie, den Koran mit den Worten des Christus im Neuen Testament zu vergleichen.

Desillusionierung durch islamische Regierungen
Auch islamische Regierungen können dafür sorgen, dass sich Muslime von ihrem Glauben abwenden. Im Iran beispielsweise blüht der christliche Glaube im Untergrund. Der asiatische Staat schaut auf eine lange Geschichte als Zivilisation zurück, die getrennt von der arabischen Welt existiert, und war stets eine relativ liberale Nation und den Leidenschaften des Lebens zugewandt. Die Islamische Revolution von 1979 mit ihrer strengen Form des Islam war eine absolute Abweichung in diesem Land, und der schiitische Islam wurde dem ganzen Land aufgezwungen. Die Theokratie (eine Kombination aus Religion und Politik als Regierungssystem) im Iran führte zu einer sprichwörtlichen Katastrophe für den islamischen Glauben in diesem Land. Die Menschen im Iran assoziieren den Islam nun mit korrupten

religiösen Führern, einer schlechten Regierung und Unterdrückung. Das gilt insbesondere für die jungen Iraner, die den Westen und die USA lieben und sich verzweifelt nach der Befreiung von der islamischen Theokratie sehnen. Im Iran wurde das praktiziert, was Osama bin Laden und IS predigen, und das Ergebnis sind eine am Boden liegende Wirtschaft und Gesellschaft sowie eine weitverbreitete Desillusionierung in Bezug auf den Islam.

Heute ist der Iran eine Nation mit einer gigantischen Party-Szene, weitverbreiteter Drogenabhängigkeit, Prostitution, Säkularismus und einer Bewegung, die nach Demokratie und Freiheit strebt. Die große Islamische Revolution war ein absolutes Desaster. 2009 entstand die „Grüne Revolution", ein Aufstand, der die islamische Regierung stürzen wollte. Zwar scheiterte diese Revolution, doch sie machte weithin sichtbar, wie groß die Unzufriedenheit der Menschen bezüglich der Regierung ist und wie zynisch viele Iraner mittlerweile über den islamischen Glauben und ihre religiösen Führer denken. Diese Desillusionierung hat dazu geführt, dass die Herzen der Menschen im Iran mehr denn je für den christlichen Glauben empfänglich sind. Christliche Gemeinden müssen im Untergrund bleiben, doch viele Menschen wenden sich zu Jesus Christus und der Herr ist dabei, dort seine Gemeinde zu bauen.

Das Evangelium im Kontext
In den unruhigen Gebieten der arabischen Welt knüpfen viele Christen an Personen der Bibel an, die von Muslimen verehrt werden, um eine Verbindung zu ihnen herzustellen. Fragen wie „Warum war Abraham bereit, seinen Sohn Isaak zu opfern?" und „Warum wollte Gott das Opfer schließlich nicht?" sind Anknüpfungspunkte. Wenn man Muslimen die Rolle des Blutes,

der Opfer und der Rituale im Alten Testament und die tiefere Bedeutung dieser Aspekte erklärt, die durch Jesus Christus im Neuen Testament erfüllt wurden, dann spricht man mit ihnen in einer Sprache, die sie verstehen. Es geht darum, eine ihnen vertraute Sprache, ihnen bekannte Personen und Symbole zu benutzen, um zu verdeutlichen, inwiefern der Islam in dem rituellen Glauben der heidnischen Ära verwurzelt ist und an der von Gnade erfüllten, auf Vergebung basierenden Erlösung des christlichen Glaubens vorbeigeht. Es ist wichtig, auf den Geschichten aufzubauen, die die Muslime kennen, statt frontal Aspekte des christlichen Glaubens einzuführen, die für westliche Christen relevant sind. Es gibt einige Gruppen, die oft von ehemaligen Muslimen oder von Christen aus dem Nahen Osten angeführt werden, die eine negative Sicht auf den Islam haben und einen rationaleren, kämpferischen Ansatz wählen, doch das stärkste Argument ist die Liebe des Christus.

Etwas kontrovers ist die Tatsache, dass das Christentum auch dort zunimmt, wo zum Teil noch an islamischen Gebräuchen festgehalten wird, obwohl die Gläubigen Jesus Christus als ihren Erlöser angenommen haben. Die große Hinwendung zum Christentum in Bangladesch unter einer muslimischen Volksgruppe ist ein Beispiel für die Kontextualisierung des Evangeliums, die nicht alle Elemente des Islam über Bord wirft. Moscheen werden weiter benutzt, so wie Paulus weiterhin in Synagogen predigte. Der Name Jesus lautet im Arabischen „Issa", genauso wie wir im Deutschen den Namen nicht wie im Aramäischen aussprechen. Sogar die Pilgerfahrt und das fünfmalige tägliche Gebet werden beibehalten, wobei sich die Gläubigen jedoch nicht in Richtung Mekka, sondern in Richtung Jerusalem verneigen (wie Mohammed es ursprünglich getan hatte, bevor er seine Beziehung zu den Juden aufgab). Sofern sie keinen Widerspruch zur Bibel darstellen, können islamische Traditionen beibehalten werden und auf christliche Weise und mit christlicher Sinngebung vollzogen werden. Ohne Schuhe in der Moschee zu beten bedeutet, so zu beten, wie die „Nachfolger von Issa" zu Jesus Christus beten. Westliche Christen sollten dies nicht zu einem Problem aufbauschen. Zudem gibt es muslimische Traditionen, die das christliche Leben sogar bereichern – zum Beispiel die Tatsache, dass Moscheen rund um die Uhr geöffnet sind und einen Raum der ständigen Gemeinschaft bieten, während christliche Kirchen über weite Zeiträume während der Woche geschlossen und unbenutzt sind. Muslime finden das seltsam und nicht gerade förderlich für die Gemeinschaft. (Moscheen sind in gewisser Weise ein Platz der Gemeinschaft, wo die Menschen sich aufhalten, egal ob eine Aktivität stattfindet oder nicht.) Gottesdienste können auch freitags statt sonntags stattfinden, aber es gibt ja auch evangelische Kirchen, die samstags und sonntags Gottesdienste feiern.

Es kann sogar vorkommen, dass der Begriff „Christ" nicht verwendet wird, weil er das Bild eines heuchlerischen westlichen Menschen oder der christlichen Eroberer heraufbeschwört. Die Verwendung des Begriffs „Nachfolger von Issa" ist vergleichbar mit dem Begriff „Nachfolger Christi", der aktuell von vielen Missionskirchen im Westen benutzt wird, weil man befürchtet, dass der Begriff „Christ" zu institutionell und unklar ist beziehungsweise einen zu große historischen und kulturellen Ballast in sich trägt.

Es ist unvermeidlich, dass unsere christlichen Begriffe mit der lokalen Kultur der arabischen Welt verwoben werden. Darauf sollten sich alle Christen einstellen. Der „Chrislam" (bezeichnet die Vermischung von Christentum und Islam bzw. die Überzeugung, dass Christen und Muslime an denselben Gott glauben) wird kontrovers diskutiert, weil manche Menschen befürchten, man gehe dabei zu weit und versuche sich dem Islam anzupassen, um Menschen zum Christentum zu bekehren. Der Einwand mag berechtigt sein, dennoch sollten wir nicht unterschätzen, wie oft in der Geschichte des Christentums diese Form der Kontextualisierung zu starken, rechtgläubigen christlichen Bewegungen geführt hat. Wir sollten uns stets in Erinnerung rufen, dass der christliche Glaube deshalb globaler ist als der Islam, weil das Neue Testament den Glauben für alle Nationen zugänglich macht – im Gegensatz zu einer Verwurzelung in einer besonderen, heiligen Kultur und einem besonderen, heiligen Ort wie Arabien oder Israel. Wir sollten nicht die Möglichkeiten begrenzen, wie sich Muslime an das Christentum anpassen, denn eine solche Anpassung geschah ständig im Neuen Testament, als der christliche Glaube unter den Juden in Jerusalem verbreitet wurde.

Die Kraft der Offenbarung Gottes

In der ganzen islamischen Welt berichten Muslime, dass sie Visionen von Jesus haben oder ihn direkt zu sich sprechen hören, nachdem sie über die Frage „Wer ist Jesus?" im Koran meditiert haben. Die Tatsache, dass der Koran Jesus respektiert, ruft bei vielen Muslimen Neugier über diese historische Persönlichkeit hervor, die sie verehren sollen, und Christus lässt sich von denen, die ihn suchen, persönlich finden. Göttliche Begegnungen mit Jesus geschehen ständig in der islamischen Welt.

Es ist wichtig, sich daran zu erinnern, dass ein Muslim in einer Debatte sehr wahrscheinlich nicht mit einem Christen übereinstimmen wird, der versucht, ihn von bestimmten Aspekten des christlichen Glaubens, zum Beispiel der Dreifaltigkeit, zu überzeugen. Viele Muslime stammen aus einer Kultur, in der es wichtig ist, das Gesicht zu wahren, und es wäre eine Schande für sie, eine Diskussion zu verlieren. Wenn solche großen theologischen Umwälzungen passieren, dann sind sie meistens das Ergebnis einer persönlichen Offenbarung oder der persönlichen Begegnung mit Gottes Wort. Andere Muslime bekehren sich nach einer Krise zum Christentum oder nachdem sie eine lange Zeit Christen beobachtet haben und ein anderes Verhalten sowie einen Frieden bemerkt haben, den Muslime nicht kennen. Eine schnelle Bekehrung ist sehr unwahrscheinlich und es gehört viel mehr dazu als Worte oder Diskussionen.

Die meisten Muslime verlangen keine rationalen Erklärungen wie die prominenten Vertreter des neuen Atheismus Sam Harris, Christopher Hitchens oder Richard Dawkins in ihren Schriften und Debatten mit Christen. Muslime wollen eine neue Offenbarung, die ihre alte Offenbarung ersetzt. Sie haben eine Sichtweise auf die spirituelle Welt, die greifbarer und stärker im Alltag präsent ist als bei vielen westlichen Christen. Das ist einer der Gründe dafür, dass der christliche Glaube auf viele Muslime „tot" wirkt. Für sie sieht es so aus, als sei der Glaube ein Teil unseres Lebens, der von den übrigen Bereichen des Lebens abgegrenzt ist, während der Islam lehrt, dass Körper und Geist zusammengehören. Westlichen Christen ist es oft nicht bewusst, dass unser geistliches Leben nicht so in unser alltägliches Leben integriert ist, wie es bei Muslimen und vielen nicht westlichen Christen der Fall ist. Der durchschnittliche westliche Christ schenkt beispielsweise seinen Träumen keine besondere Beachtung, doch die Bibel nimmt Träume sehr ernst und Muslime tun das ebenfalls. Glücklicherweise geht Gott darauf ein und Christus offenbart sich Muslimen in Träumen.

Übersetzung der Bibel

Im Gegensatz zum Koran, der in klassischem Arabisch verfasst sein muss, ist die Bibel dazu bestimmt, in sämtliche Sprachen übersetzt zu werden. Keine Sprache oder Kultur besitzt das Monopol des Wortes Gottes. Folglich wird die Bibel auch in die Sprachen der islamischen Welt übersetzt. In vielen Fällen hatten Muslime im Laufe der Geschichte keinen Zugang zu heiligen Büchern in ihrer eigenen Sprache – weder zum Koran noch zur Bibel. Dieser Punkt ist zu berücksichtigen, wenn wir daran denken, wie wenige Muslime sich im Laufe der Jahre zum Christentum bekehrt haben. Ein Ziegenhirt in Afghanistan, ein Stammesoberhaupt in der Sahara oder ein Fischer auf einer entlegenen indonesischen Insel sind vermutlich Analphabeten, unfähig Arabisch zu sprechen oder zu lesen, und haben über den Islam das gelernt, was ihnen und ihren Familien seit Generationen gelehrt wurde. Der Koran blieb für viele Muslime jahrhundertelang außer Reichweite. Sie hatten auch nie Christen um sich und es gab keine christlichen Schriften in ihren unbekannten Sprachen. Doch all das verändert sich gerade in Windeseile und diese Veränderung ist ein großer Gewinn für den christlichen Glauben. Wenn die Bibel in übersetzter Form vorliegt, empfängt der Leser die göttliche Offenbarung direkt und unverfälscht. Muslime, die die Bibel in ihrer Sprache in Händen halten, brauchen kein Arabisch zu lernen oder auf irgendwelche heiligen Männer zu warten, die ihnen erklären, was sie glauben sollen; das Wort Gottes gehört ihnen. Das ist revolutionär und für Millionen von Muslimen beispiellos.

Wenn Menschen die geistlichen Begriffe in ihrer Muttersprache lesen können, dann gelangen sie in einen viel tieferen Kontakt mit dem Göttlichen, weil die Botschaft Gottes in ihrer „Herzenssprache" verfügbar ist. Es gibt keinen Ersatz dafür, das Wort Gottes in der Sprache zu besitzen, in der man träumt, kommuniziert und täglich denkt. Die übersetzte Bibel hat eine gigantische Bedeutung und sie berührt die Menschen so, wie es der arabische Koran nicht kann.

Wie Lamin Sanneh von der Yale-Universität in seiner jahrelangen wissenschaftlichen Arbeit ausführte, stärkt das Wort Gottes in der eigenen Sprache eine lokale Kultur und befreit sie von Unterdrückung von außen. Die in die eigene Sprache übersetzte Bibel verleiht ein Gefühl des Eigentumsrechts, das die lokale Kultur stärkt, anstatt sie ihrer Einzigartigkeit zu berauben. Der Islam dagegen zwingt den Gesellschaften, die er berührt, die arabische Kultur und arabische Werte auf, sodass eine indonesische Muslimin ebenso gekleidet ist wie eine Frau aus der arabischen Wüste.

Vergleich zwischen Jesus und Mohammed

Wie bereits erwähnt ist die Person Jesus sehr attraktiv für Muslime. Im Gegensatz zu Mohammed hat er nie Krieg geführt, hatte nicht eine Vielzahl von Frauen (zu Mohammeds Frauen gehörte ein vorpubertäres Kind), seine Worte vermitteln Frieden und die Geschichten seines Lebens übermitteln eine Gnade, die dem Islam fremd ist. Die Menschwerdung von Jesus und die Vergebung der Sünden durch den Tod und die Auferstehung Christi sind dem Islam völlig fremd; im Islam wird sowohl Jesus als auch Mohammed die Rolle eines menschlichen Propheten zugeschrieben. Was Muslime am allermeisten anzieht, ist das Versprechen Jesu, dass er Sünden vergibt und dass seine Nachfolger

ins Paradies kommen werden. Muslime kennen keine Heils-
gewissheit, was in ihrem Leben für Anspannung, Angst und das
Empfinden einer fortwährenden Verdammung sorgt.

Warum es schwierig ist, Muslime zum christlichen Glauben zu bekehren

Wie ich bereits erklärt habe, kommt es selten vor, dass ein west-
licher Christ einen Muslim erfolgreich zum christlichen Glauben führt. Die allermeisten Bekehrungen erfolgen, weil Jesus
Muslimen in Träumen begegnet, weil sie Verfolgungen erleiden
oder weil sie mit den Ereignissen in der islamischen Welt unzu-
frieden sind. Christ zu werden bedeutet meistens, seine Familie zu verlassen und alltägliche Traditionen, die Kultur und die
gesamte Weltsicht aufzugeben. Es ist nicht so leicht wie für die
meisten westlichen Menschen, die mit dem Gedanken aufwach-
sen, dass Religion eine individuelle, private Angelegenheit ist,
für die sich jeder persönlich entscheiden kann. Im Folgenden
möchte ich einige weitere Gründe für die eher schwache Resonanz auf westliche Bekehrungsbemühungen erläutern.

Fehlende Bereitschaft, in Beziehungen zu investieren

Der Spruch „Es kümmert niemanden, wie viel du weißt, bis sie
wissen, wie sehr du dich kümmerst" ist für einen Missionar oder
Evangelisten sehr zutreffend. Viele westliche Christen erwarten, dass auf die Predigt des Evangeliums sofort eine Reaktion
oder Bekehrung erfolgt. Für Muslime ist die Entscheidung, ihren
Glauben aufzugeben und sich einer anderen Glaubensgemeinschaft anzuschließen, von enormer Tragweite (genau wie für

Christen umgekehrt). Sich mit einem Muslim anzufreunden, nur um ihn zu bekehren und ohne eine tiefere Beziehung zu entwickeln, ist keine gute Idee. Muslime sollten nicht als Handelsgut betrachtet werden und wir sollten uns selbst nicht als Retter sehen, die Muslime vor der Hölle bewahren. Das christliche Gebot lautet, unseren Nächsten zu lieben, und wir tun das, indem wir langfristige Beziehungen entwickeln, die nicht an Bedingungen geknüpft sind. Wahrscheinlich wird ein Christ, der eine Freundschaft mit einem Muslim eingeht, viele Gemeinsamkeiten entdecken: Betroffenheit angesichts der Sünde in der Gesellschaft, konservative Werte und den Glauben, dass die geistliche Welt für den Alltag relevant ist. Vergessen Sie nicht, dass nur wenige Muslime es darauf anlegen, westliche Christen zu verletzen oder anzugreifen. Wie viele Evangelikale wünschen sie sich einfach, dass wir zu ihrem Glauben übertreten.

Rationaler Ansatz
Ein weitverbreiteter Fehler besteht darin, sich in Debatten über systematische Theologie verwickeln zu lassen. Es ist eine Tatsache, dass sowohl Muslime als auch Christen Glaubensüberzeugungen haben, die nicht unbedingt beweisbar, rational oder erklärbar sind. Paulus sagte, die Botschaft des Kreuzes sei „in den Augen derer, die verloren gehen, (...) etwas völlig Unsinniges; für uns aber, die wir gerettet werden, ist sie der Inbegriff von Gottes Kraft" (1. Korinther 1,18; NGÜ). Viele Muslime haben stichhaltige Argumente gegen den christlichen Glauben. Eines der größten Probleme stellt für sie der „Polytheismus" dar, denn als solchen sehen sie die Dreifaltigkeit. Wenn wir ehrlich sind, ist die Dreifaltigkeit nicht leicht zu erklären, und es ist nicht unsere Lehre, die Muslime rettet. Es ist vielmehr die Begegnung

mit dem auferstandenen, lebendigen Christus, der die Macht hat, Sünden zu vergeben. Übermäßiges Diskutieren wird kaum zu einer Bekehrung führen. Es ist ein weit besserer Ansatz, als Christ ein anderes Leben zu leben und Liebe und Barmherzigkeit zu zeigen. Zu den besten Dingen, die ein Christ für seinen muslimischen Freund tun kann, gehört, einen einfachen Satz zu sagen: „Ich bete für dich." Muslime schätzen das Geistliche und fühlen sich berührt, wenn wir uns um sie kümmern und daran glauben, dass der große Gott auf unsere speziell für sie gesprochenen Gebete hören wird.

Die Dämonisierung islamischer Völker

Als Christen glauben wir nicht, dass der Islam der richtige Weg ist, dass der Koran eine göttliche Botschaft enthält oder dass Mohammed Gottes Prophet war. Aber wir müssen unbedingt daran festhalten, dass Christus für *alle* Sünder starb und dass Gott „will, dass alle Menschen gerettet werden und seine Wahrheit erkennen" (1. Timotheus 2,4; Hfa). Die islamische Zivilisation hat der Welt Algebra, den Kompass, Literatur, islamische Kunst, Chemie, Geologie und sphärische Trigonometrie gegeben und war eine Zeit lang viel fortschrittlicher als die westliche christliche Zivilisation. Sie hat nicht von jeher mit Antiintellektualismus und Unbehagen mit dem Pluralismus gekämpft, wie es derzeit der Fall ist. Zudem habe ich bereits ausgeführt, dass viele Muslime eher ihrer lokalen Kultur als dem Islam selbst verhaftet sind. Wir können nicht alle Muslime dämonisieren, als seien sie alle Mitglieder von *al-Qaida*. Generell alle Nichtchristen zu dämonisieren ist ein Weg, uns von ihnen zu distanzieren und die harte Arbeit zu umgehen, die es bedeutet, auf sie zuzugehen und sie zu lieben. Es ist viel einfacher, sie alle als hoffnungslos zu etikettieren und ihnen den Rücken zuzukehren oder mit ständiger Angst und Wut zu leben. Wenn wir auf die Medien hören, dann werden wir dazu motiviert, die Probleme der islamischen Welt im einfachsten, dualistischen Licht zu betrachten und unsere Furcht zu nähren. Stattdessen ist es sinnvoller, für die zu beten, die uns schaden wollen. Das tun auch viele Christen, die im Nahen Osten unter Verfolgung leiden.

Malala Yousafzai lebte als vierzehnjähriges Mädchen, das drei Sprachen beherrschte, im gefährlichen Swat-Tal in Pakistan, wo die Taliban immer mehr Einfluss gewannen. Sie wurde von der BBC gebeten, über ihr Leben als junge Schülerin zu bloggen, und wurde deshalb zur Zielscheibe der Taliban, die gegen die Ausbildung von Frauen sind und pakistanische Schulen niederbrannten. Am 9. Oktober 2012 wurde Malala auf dem Heimweg von der Schule in ihrem Schulbus von einem Taliban-Anhänger in den Kopf geschossen. Malala, eine gläubige Muslimin, überlebte und sagte, sie wünsche dem Mann, der ihr Gesicht für immer entstellt hatte, nichts Böses und sie habe ihm in ihrem Herzen vergeben. Wenn ein junges muslimisches Mädchen so handeln kann, warum weigern sich dann so viele Christen in westlichen Ländern, für Muslime zu beten oder sich um Muslime zu kümmern?

Die Herausforderung des Lebens nach der Bekehrung

Diejenigen, die wir am intensivsten in unseren Gebeten unterstützen müssen, sind Muslime, die sich zum Christentum bekehren. Sie werden nicht nur gehasst, enteignet und müssen wegen ihres Glaubens an Jesus um ihr Leben bangen, sondern werden auch oft von anderen Christen skeptisch betrachtet, weil diese vermuten, die Neubekehrten seien nur da, um die christliche Kirche zu unterwandern. Christen weisen bekehrte Muslime oft ab, weil sie Anschläge befürchten oder weil sie ihnen schlichtweg nicht vertrauen. Andere spekulieren, dass allein reisende Neubekehrte ohne Familie Terroristen sein könnten. In den meisten Fällen handelt es sich dabei um Neubekehrte, die alles verloren haben. Viele von ihnen können niemals in ihre Heimat zurückkehren oder je wieder einen Job finden. Sie wollen in ein „christliches" Land immigrieren und sind möglicherweise schockiert, wenn sie feststellen, dass die christlichen Menschen dort dagegen sind, sie aufzunehmen – auch wenn es sich um Christen handelt, die vor Verfolgung fliehen!

In den nächsten Jahren wird es wahrscheinlich viele Menschen geben, die in westlichen Staaten Zuflucht suchen. Viele davon haben schlimmes Leid durchgemacht, das im Namen des Islam verübt wurde. Andere sind möglicherweise christliche Minderheiten, Neubekehrte oder Immigranten, die dem Christentum gegenüber sehr offen sind. Wie wird die westliche Kirche auf diese Immigranten mit islamischem Hintergrund reagieren? Werden wir uns für Entrüstung und Selbstschutz entscheiden? Oder werden wir diese Situation als eine Gelegenheit sehen, an Gottes Werk teilzuhaben, das er durch die Ereignisse in der islamischen Welt ausführt?

Fragen zum Diskutieren

· ·

Wären Sie bereit, zum Mormonentum, Hinduismus, Islam oder einer anderen Religion überzutreten? Warum bzw. warum nicht? Was müsste jemand tun, um Sie vom Christentum abzuwenden?

Warum ist es für einen Muslim schwierig, sich zum Christentum zu bekehren?

Welche Probleme oder heuchlerischen Aspekte könnte ein Muslim in der christlichen und westlichen Gesellschaft beobachten?

Glauben Sie, dass Sie das Zeug dazu haben, ein Missionar in der islamischen Welt zu sein? Warum bzw. warum nicht?

Wie würden Sie auf eine größere Gemeinschaft syrischer oder irakischer Flüchtlinge in Ihrer Stadt reagieren?

Sind die Herausforderungen, mit denen zum Christentum bekehrte Muslime zu kämpfen haben, aufschlussreich für Sie? Lesen Sie die Bekehrungsgeschichte in der Apostelgeschichte 9. Werfen die Informationen dieses Kapitels ein neues Licht auf diese Geschichte?

Kapitel 5

ISLAM, GEWALT UND GEBIETSERWEITERUNG

....

Hat der Islam ein Problem mit Gewalt? Die kurze, jedoch politisch inkorrekte Antwort lautet: „Ja". Verglichen mit anderen Religionen existiert heute ein unverhältnismäßig hohes Gewaltaufkommen sowohl innerhalb des Islam als auch zwischen dem Islam und anderen Religionen. In jeder Religion gibt es Fundamentalisten und gewaltbereite, militante Anhänger (sie sind jedoch immer eine Minderheit, auch im heutigen Islam). Doch einige spezifische Merkmale des Islam führen dazu, dass in dieser Religion ein konsequenteres Maß an Kampfgeist zu finden ist als in den übrigen Religionen. Diese Eigenschaften werde ich in diesem Kapitel unter die Lupe nehmen. Zunächst jedoch muss man sich mit den Einwänden auseinandersetzen, die Muslime und andere Verteidiger des islamischen Glaubens vorbringen, wenn von der Tendenz zur Gewalt im Islam die Rede ist.

EINWAND 1

Der Islam ist nicht gewalttätiger als andere Religionen.

Das Maß an Gewalt in den Religionen wird oft dramatisch überschätzt. Eine neuere Studie zeigt, dass nur vier Prozent aller Konflikte der Geschichte mit Religion zu tun hatten. Bei den meisten Kriegen geht es um Land, Ressourcen, Stammeskonflikte, alte Fehden und sonstige Dinge unabhängig von der Religion. Mit dem Islam verhält es sich genauso; es geht selten einzig und allein um die Religion.

Überdies sehen wir in allen Religionen von Zeit zu Zeit Gewalt. Es gibt militante Juden, die gewaltsam in Israel agieren, es gibt buddhistische Ordensgemeinschaften, die gegen andere buddhistische Ordensgemeinschaften Gewalt ausgeübt haben, und es gibt Christen, die andere Christen in Ruanda niedergemetzelt haben.

EINWAND 2

Das Christentum sieht auf eine gewaltsame Vergangenheit zurück und verfügt über andere Wege, die Gewalt zu legitimieren.

Die Kreuzzüge und die Inquisition sind Beispiele für christliche Gewalt. „Christliche Könige" und „christliche Armeen" überfielen islamisches Land, um Jerusalem zurückzuerobern. Europa erlebte mehrere Jahrhunderte voller religiöser Gewalt, in denen vor allem Christen gegen Christen kämpften (Protestanten gegen Katholiken und andere sektiererische Konflikte). Zudem unterwarfen „christliche Nationen" und Reiche muslimische Völker in ganz Europa und im Nahen Osten, sie setzten neue

Grenzen auf alten Stammesgebieten fest und kolonisierten islamische Länder. Es gibt auch andere Formen christlicher Gewalt: Unterstützung des Militärs, Bombardierungen oder Drohnen-Einschläge, wie es die USA tun – unter der Regierung von Präsidenten, die von sich behaupten, Christen zu sein.

EINWAND 3

Die derzeitige Gewalt hat mit kulturellen Faktoren, dem westlichen Imperialismus und ethnischen Stammessystemen zu tun – nicht mit dem Islam.

Im Allgemeinen ist die Gewalt, die wir in der islamischen Welt sehen, das Ergebnis vieler historischer, kultureller und politischer Faktoren und hat nicht unbedingt etwas mit dem Islam zu tun. Der vom Westen unterstützte Autoritarismus, Kolonialismus und das Ende des Kalten Krieges haben im Nahen Osten und in Zentralasien ein Chaos hinterlassen. Diese Region wurde davon tief beeinflusst und Gewaltbewegungen und Aufstände, um Gerechtigkeit zu erzielen, waren die Folge.

EINWAND 4

Der Koran lehrt Frieden, doch es gibt keine Möglichkeit, die Interpretation des Korans zu kontrollieren.

Viele Suren des Korans lehren Frieden und Toleranz gegenüber Nichtmuslimen, zum Beispiel die Aufforderung, „keinen religiösen Zwang auszuüben" oder wie es in der Sure 16,125 heißt: „... und streite mit ihnen auf die beste Art" in Bezug auf Nichtgläubige. Es gibt viele Stellen im Alten Testament, die Gewalt predigen. Warum dürfen Christen sich aussuchen, welche Verse der Bibel relevant sind, und Muslime nicht?

EINWAND 5

Der Islam sieht auf eine lange Geschichte des friedlichen Miteinanders mit seinen Nachbarn zurück.

Die militante Ausrichtung des Islam ist eine neuere Erscheinung und im Laufe der islamischen Geschichte war die islamische Zivilisation oft toleranter gegenüber religiösen Minderheiten als die christlichen Reiche. Oft gewährten die islamischen Zivilisationen Religionsfreiheit.

Eine sachkundige christliche Antwort

Diese fünf Einwände enthalten Aspekte, die Beachtung verdienen, und einige stützen sich auf Fakten, doch sie haben nicht den nötigen Weitblick. Wir sollten uns trotzdem mit diesen Punkten befassen, denn sie erklären einen großen Teil der Gewalt, die im Namen des Islam verübt wurde.

Sowohl das Christentum als auch der Islam sehen auf eine lange Geschichte von Menschen zurück, die im Namen ihres Religionsgründers Gewalt verübten, und beide sind absolutistische Religionen, die nicht dafür offen sind, andere Wege zur Wahrheit anzuerkennen. Das bedeutet, dass sie leicht auszunutzen und zu militarisieren sind. Zudem versuchen beide Religionen hartnäckig, die jeweils andere zur Bekehrung zu bewegen.

Es stimmt, dass religiöse Gewalt (von Christen oder Muslimen verübt) oft stark übertrieben wird und dass die meisten Kriege auf andere Gründe als auf religiöse Differenzen zurückzuführen sind. Und ja, die christliche Geschichte ist eine blutige, die sich von den heftigen Kämpfen zwischen Katholiken und Protestanten in Europa zu der gewaltsamen, von der Kirche sanktionierten Kolonialisierung Lateinamerikas und dem atlantischen Sklavenhandel erstreckt. Selbst in der heutigen Welt gibt es noch Christen, die gegen Christen kämpfen, wie das Massaker in Ruanda gezeigt hat. Darüber hinaus wird ein großer Teil des Terrorismus von alten Land- und Eroberungskonflikten genährt. Westliche „christliche Nationen" wie Frankreich, Großbritannien und die Vereinigten Staaten mischen sich in die Angelegenheiten islamischer Länder ein und östliche „christliche Nationen" wie Russland taten dasselbe, als sie viele zentralasiatische, vorherrschend islamische Nationen in sowjetische Satellitenstaaten verwandelten. Diese historischen Übergriffe haben mehr mit nationaler Unterdrückung als mit einem Kampf „Islam gegen Christentum" zu tun.

Es stimmt auch, dass es Zeiten gab, in denen die islamische Zivilisation Menschen anderen Glaubens (und auch die Philosophien und Ideen anderer Zivilisationen) respektvoller behandelte als die Christen es taten. Es gibt viele Muslime, die aufrichtig glauben, der Islam sei eine Religion des Friedens. Es gibt genügend Texte im Koran, mit denen sie diese Überzeugung belegen können, ob wir damit übereinstimmen oder nicht.

Diese Aspekte müssen eingeräumt werden, doch damit ist längst nicht alles gesagt. Mohammed ist der einzige Anführer einer großen Religion, der von Gewalt Gebrauch machte, um *sofort* eine religiöse, soziale und politische Ordnung einzuführen. Von Anfang an war der Islam von einem aggressiven, missionarischen Eifer geprägt. Auch das Christentum und der Buddhismus legten den Schwerpunkt auf die Mission, doch keine dieser Religionen begann sich aus solch einer Machtposition heraus zu bilden. Mohammeds Feldzüge brachten ihm den unmittelbaren Gewinn von Gebieten und wälzten die arabische Gesellschaft um. Eine neue politische, religiöse Ideologie wurde eingeführt, die das alte Stammesgefüge zerbrach und Loyalität forderte. Von Anfang an führte der Islam Krieg und war siegreich. Während der Koran selbst nicht fordert, Menschen zu töten, wenn sie sich nicht zum Islam bekehren, rechtfertigt er ganz klar den Kampf und stellt die Menschen vor die Wahl, sich zu bekehren, sich zu unterwerfen, Steuern zu zahlen oder weiter zu kämpfen.[7] Viele Hadithe sowie spätere islamische Führer gingen wesentlich weiter in der Auslegung des Korans.[8] Die ersten Muslime glorifizierten den Krieg so, wie es ihre präislamischen Vorfahren taten. Die Verfassung von Medina verdeutlicht ebenfalls die Trennung zwischen den Bekehrten und den Nichtbekehrten, die durch Gewalt überbrückt werden muss. Mohammed sagte in seiner Abschiedspredigt auf seiner letzten Pilgerreise: „Bekämpft alle Menschen, bis sie sagen, dass es keinen Gott außer Allah gibt."[9]

Das Christentum dagegen war dreihundert Jahre lang der Glaube einer Minderheit, der Verfolgungen durch das Römische Reich erlitt. Man kann mit Recht sagen, dass die DNA von Christentum und Islam in den frühen Jahren der jeweiligen

---

7 Hugh Kennedy, *The Great Arabic Conquests: How the Spread of Islam Changed the World We Live in* (Philadelphia: Da Capo Press), S. 50.

8 Efraim Karsh, *Islamic Imperialism: A History* (New Haven: Yale University Press, 2013).

9 ebd.

Bewegung geprägt wurden. Für das Christentum bestand durchaus die Versuchung, Macht auszuüben und Länder zu erobern, doch die DNA des Christentums stellte den Geist des Dienens letztlich darüber. Im Islam dagegen wurde die DNA so geprägt, dass die bestehende Welt unmittelbar mit Gewalt erobert werden muss. Die „Reinigung" der Welt von Nichtgläubigen sollte radikal sein und wurde mit Gewalt durchgesetzt. Das steht im scharfen Gegensatz zu Jesus Christus, der gekreuzigt wurde und dessen Jünger davonliefen. Sein Reich war eindeutig nicht von dieser Welt!

Das Bedürfnis des Islam, seine Gebiete zu erweitern

Wie ich bereits erläutert habe, entstand der Islam in Arabien mitten in einer Kultur regelmäßiger Kriege, Blutrache und zerbrechlicher Allianzen zwischen den vielen Stämmen an diesem wichtigen Knotenpunkt des globalen Handels. Die arabische Kultur und Religion war im Vergleich zu den weiterentwickelten Reichen in der Region (Rom, Byzanz, Persien, Ägypten, Assyrien, Babylon) eher primitiv und monotheistische Religionen wie das Christentum und das Judentum besaßen heilige Schriften und hoch entwickelte Theologien, die weit über den einfachen Aberglauben der arabischen Völker hinausgingen. Mohammed war ein politischer und militärischer Anführer, der die Menschen zu einem komplexeren und reinen Monotheismus aufrief. Er glaubte, Gott habe ihm aufgetragen, „alle Menschen zu bekämpfen, bis sie sagen, dass es keinen Gott außer Allah gibt". In Sure 9,5 heißt es: „Und wenn die heiligen Monate verflossen sind, dann tötet die Götzendiener, wo ihr sie trefft, und ergreift sie, und belagert sie, und lauert ihnen auf in jedem Hinterhalt. Bereuen sie aber und verrichten das Gebet und zahlen die *Zakat*, dann gebt ihnen den Weg frei. Wahrlich, Allah ist allverzeihend, barmherzig."

Während Jesus Christus einen klaren Unterschied zwischen Gott und dem Kaiser (Caesar) machte und erklärte, das Reich Gottes sei nicht von dieser Welt, fühlte Mohammed das unmittelbare Bedürfnis, Monotheismus, Gerechtigkeit und eine neue Ordnung in Arabien und darüber hinaus zu etablieren. Er tat das durch Kriegsführung. Auch das Christentum musste eine schmerzliche Fusion von Religion und Politik erfahren, die zu religiösen Kriegen, den Kreuzzügen, den Religionskriegen, Kolonialismus und anderen Tragödien führte. Das war eine klare Abweichung von den ursprünglichen Ideen des Christentums – nicht etwa das Ergebnis der grundlegenden Ideen. Die Kreuzzüge werden häufig von Muslimen und säkularen Menschen ins Feld geführt, aber oft missverstanden.[10] Sie waren das Ergebnis einer massiven Verdrehung und Fehlinterpretation der Worte und des Charakters von Jesus von Nazareth. Die Kreuzzüge und religiösen Kriege wurden schließlich innerhalb des Christentums selbst kritisiert. Das Christentum vollzog – im Gegensatz zum Islam – eine Reformation.

Erwachsene beduinische Männer in Arabien wurden von Geburt an zu Kriegern erzogen, im Gegensatz zu den Jüngern in Palästina.[11] Für Mohammed und den Islam ist die Welt in zwei

---

10 http://www.firstthings.com/article/2009/06/inventing-the-crusades

11 Hugh Kennedy, The Great Arabic Conquests: How the Spread of Islam Changed the World We Live in (Philadelphia: Da Capo Press), S. 39.

Teile aufgeteilt: In den *Dar al-Islam* (das Haus des Islam), wo das islamische Gesetz herrscht, und den *Dar al-Harb*, den Rest der Welt, der von Nichtmuslimen bewohnt und von Ungläubigen regiert wird. Als Mohammed von Ungläubigen aus Mekka vertrieben wurde, fand er in *Yathrib* (heutiges Medina) Verbündete und gründete eine Bewegung, die nicht auf Stammes- und Blutsbanden, sondern auf den Ideen eines neuen, reinen Glaubens basierte. Diese neue religiöse Bewegung entwickelte sich von einer marginalen Religion innerhalb des Staates zum Staat selbst.[12] Sowohl Jesus als auch Mohammed brachten die jeweilige lokale religiöse und politische Ordnung durcheinander. Jesus befahl seinen Jüngern, das Schwert beiseitezulegen und endete am Kreuz. Mohammed führte Krieg und gewann. Die Tatsache, dass Mohammed relativ leicht Siege errang und der Islam rasch sein Gebiet erweiterte, führte zu einem interessanten Gründungsdilemma, das die DNA des Islam für immer beeinflussen sollte. Der Islam wurde fast unmittelbar zu einem Reich und schuf damit die Notwendigkeit der Gebietserweiterung.

Efraim Karsh erklärt in seinem Buch *Imperialismus im Namen Allahs (Islamic Imperialism: A History)* scharfsinnig, dass die Auflösung der alten Ordnung der Stammesfehden und der Bestreitung des Lebensunterhalts durch den Überfall auf Karawanen zur Folge hatte, dass die alte Ordnung in aller Eile ersetzt werden musste, damit die Menschen überleben konnten. Da der Islam sich geografisch ausbreitete, verfügte er plötzlich über entfernte Länder, die kontrolliert, verwaltet und regiert werden mussten. Diese Länder hatten Ressourcen und Reichtümer, die

---

12 Efraim Karsh, Islamic Imperialism: A History (New Haven: Yale University Press, 2007), S. 13.

die islamischen Eroberer nutzten, um Arabien weiter zu ernähren. Doch die arabische Gesellschaft war primitiv und wurde von Stämmen regiert, im Gegensatz zu den Reichen, die Arabien umgaben. Daher „waren die arabischen Eroberer gezwungen, auf die in Byzanz und im Iran existierende Bürokratie und die dort bestehenden administrativen Erfahrungen zurückzugreifen, um ihr im Entstehen begriffenes Reich zu verwalten".[13] Die Fülle dieser Reiche wurde von den muslimischen Eroberern übernommen, um Arabien zu versorgen und die neu eroberten Länder zu regieren.

Der Islam fühlte sich sehr viel schneller mit einem islamischen Reich im Einklang als das Christentum mit einem christlichen Reich. Mohammeds Verlangen nach Gerechtigkeit und Frömmigkeit in dieser Welt hatte zur Folge, dass alle Nichtmuslime in seinen Augen dem Plan *Allahs* für die Welt im Wege standen. Mohammeds Umgang mit Nichtgläubigen war meistens von Gewalt geprägt, man kann also sagen, dass der Islam mit einem Propheten begann, der ein Kämpfer war und glaubte, es sei die Pflicht aller Muslime, eine islamische Welt aufzubauen. Er glaubte, ein theokratisches Reich sei der richtige Weg zu diesem Ziel.

Ursprünglich fühlte sich Mohammed den Juden verbunden, denn er war von ihrem komplexen Glauben sehr beeindruckt. Doch die Juden von Medina wiesen ihn zurück und machten sich über die Ungereimtheiten des Korans und über seine fehlerhafte Wiedergabe der alttestamentarischen Geschichten lustig. Mohammed war bestürzt zu erfahren, dass Christen, die durch Arabien reisten, nicht nur die Dreifaltigkeit lehrten (für

---

13 ebd., S. 28.

ihn eine Form des Polytheismus), sondern dass sie auch selten in theologischen Fragen untereinander übereinstimmten. Im entscheidenden Moment, in dem sich Mohammed vom Christentum und vom Judentum abwandte, änderte er die Gebetsrichtung von Jerusalem nach Mekka. Der Freitag wurde zum Sabbat und der Muezzin und das Minarett ersetzten die jüdischen Trompeten und die christlichen Glocken. Von diesem Zeitpunkt an betrachtete der Islam das Christentum und das Judentum als minderwertige Religionen.

Medina wurde schon bald zur zentralen Stadt. Dort lebte Mohammed und dort wurden Steuern eingenommen und Entscheidungen für den sich rasch ausweitenden religiösen Staat getroffen. Da der Islam die einzige wahre Religion und Mohammed der letzte Prophet war, bestand die Pflicht dieses theokratischen Staates darin, die wahre Botschaft der ganzen Welt zu bringen. Wie das Christentum ist auch der Islam ein absolutistischer Glaube: „Es gibt nur einen Weg." Doch die Botschaft kam aus einem Land mit bewaffneten Männern, nicht von zwölf staubigen Jüngern.

Zwölf Jahre nach Mohammeds Tod brach das Perserreich zusammen und Syrien und Ägypten fielen aus dem Byzantinischen Reich heraus. In wenigen Jahren hatten die Muslime Zentralasien und Teile Europas erobert und übten Druck auf China und Indien aus. Nicht jeder wurde anfangs gezwungen, Muslim zu werden. Die oberste Priorität bestand darin, von den verschiedenen eroberten Völkern Abgaben zu erzwingen.[14]

Während des Kalifats von Umar (634–44 n. Chr.) wurden alle eroberten Länder Teil der muslimischen Gemeinschaft. Karsh

---

14 ebd., S. 23.

schreibt: „Diese Entscheidung setzte die Bestimmung des Islam nach Mohammed fort; der Islam wurde zum Eckstein der politischen Ordnung des gesamten Nahen Ostens. Dieses Prinzip wurde ein Jahrtausend lang beibehalten, bis zum Zusammenbruch des Ottomanischen Reiches als Folge des Ersten Weltkriegs und der nachfolgenden Aufgabe des Kalifats."[15] Eroberte Länder wurden nicht besiedelt, stattdessen setzten die Muslime den Kampf fort, um das „Haus des Islam" ständig zu erweitern.

Eroberte Völker anderen Glaubens erhielten einen geschützten, doch zugleich eingeschränkten Rechtsstatus (Dhimmis), in dessen Rahmen es ihnen erlaubt wurde, ihre Religion auszuüben und ihr Eigentum zu behalten. Sie wurden jedoch gezwungen, hohe Abgaben zu zahlen, erlitten Verfolgung, konnten keine religiösen Aktivitäten außerhalb ihrer Kirchen oder Synagogen durchführen und wurden mit der Todesstrafe bedroht, damit sie ihren Glauben nicht mit Muslimen teilen. Juden und Christen mussten besondere Kleidung tragen, die sie von den Muslimen unterschied, und Muslime durften auf Pferden reiten, während Nichtmuslime nur auf Eseln reiten durften.[16] Nichtaraber wurden häufig nicht zur Bekehrung ermutigt, weil das islamische Reich von Zweite-Klasse-Bürgern abhing, die einen großen Teil der Arbeit verrichteten, die für die Araber notwendig war, um ihren Wohlstand und ihren überlegenen Status beizubehalten.

Während Araber und Muslime in dem sich rasch ausweitenden Reich zahlenmäßig weit unterlegen waren, wurde die

---

15 ebd., S. 26.

16 ebd., S. 28.

arabische Sprache im achten Jahrhundert die offizielle Sprache, wodurch die verschiedenen eroberten Völker zum Aufschwung der islamischen Zivilisation beitragen konnten, die jahrhundertelang fortschrittlicher war als die europäische Zivilisation.[17] Die Muslime studierten unter anderem Mathematik, Medizin, astronomische Ideen von den Indern, Politik, Wirtschaft und Verwaltung von den Persern sowie Botanik, Zoologie und Philosophie von den Griechen.[18] Das islamische Reich befand sich nicht fortlaufend im Krieg und pflegte Handelsbeziehungen mit weit entfernten Nationen von Zentralasien bis Afrika.

Der Aufschwung des Islam war so plötzlich und so allumfassend (sowohl gebietsmäßig als auch in den Künsten und Wissenschaften), dass der Aufschwung Europas und der Niedergang der islamischen Welt für die Muslime ein schweres Trauma darstellte. Der Verlust des islamischen Spaniens 1492 war ein solcher Schock, dass Muslime noch heute davon sprechen (der mittlerweile verstorbene Osama bin Laden tat dies ebenfalls). Das letzte, große islamische Reich, das Ottomanische Reich, schlug sich während des Ersten Weltkriegs auf die Seite Deutschlands und brach schließlich zusammen, worauf der säkulare Staat Türkei entstand. Das islamische Reich war gemaßregelt worden und ein neues Experiment mit dem Säkularismus begann im Nahen Osten.

---

17 ebd., S. 28 f.

18 ebd., S. 67 f.

Ein wenig flexibler Glaube

Ein großer Teil der islamischen Geschichte besteht aus erfolgreicher Gebietserweiterung, weitreichender Annahme des islamischen Glaubens durch fremde Völker und Perioden kulturellen, künstlerischen und wissenschaftlichen Erfolges. All diese historischen Triumphe haben in der islamischen Welt eine große Nostalgie hinterlassen. Anders als Christen, die dazu neigen, nach vorn zu blicken und nur im Blick auf die urchristliche Gemeinde nostalgische Gedanken haben, spuken in der Erinnerung der Muslime viele Ereignisse, Menschen und Schlachten, die mit großer Wehmut verbunden sind – entweder weil sie sich nach der vergangenen Ehre und Herrlichkeit zurücksehnen oder aber weil sie von vergangenen Fehlschlägen heimgesucht werden.

Für einen beträchtlichen Teil der islamischen Führer und Gruppen in der gesamten islamischen Geschichte stellt das sich ausbreitende islamische Reich der Vergangenheit das Ideal für diese Welt dar. Ihrer Auffassung nach hat Mohammed ihnen dieses Ideal hinterlassen und es ist das, was *Allah* will.

Der Islam hat wie das Christentum, das Judentum, der Buddhismus und der Hinduismus Bewegungen hervorgerufen, die gewaltsam sind, Hass auf Andersgläubige predigen, keine Toleranz für „Irrglauben" oder abweichende Meinungen aufbringen und bereit sind, Revolutionen zu beginnen, um eine neue religiöse Ordnung einzuführen. Alle Religionen produzieren extrem intolerante Sekten.

Doch die Anzahl der Gruppen, die ihre Ziele mit Gewalt verfolgen, wurde im Christentum und im Judentum im Licht aufklärerischen Gedankenguts beträchtlich reduziert; dazu zählen insbesondere das Recht jedes Menschen, seinen Glauben selbst zu wählen, und andere Konzepte wie die erfolgreiche Trennung von Kirche und Staat weltweit, die Gleichheit der Geschlechter, die Abschaffung der Todesstrafe und die freie Meinungsäußerung. Die Ideen der „Moderne" (die moderne Welt nach der Aufklärung) hat sich in den meisten Ländern und Zivilisationen ausgebreitet, konnte jedoch nur mühsam oder gar nicht in die islamische Welt eindringen.

Andere alte Weltreligionen konnten sich stets besser mit dem Pluralismus anfreunden als die islamische Welt. Hinduistische und buddhistische Staaten und Reiche waren lange Zeit über wesentlich pluralistischer und vielfältiger geprägt. In Ostasien, Afrika oder auf dem indischen Subkontinent ist es längst nicht so schockierend, verschiedene Götter zu wählen, wie es in muslimischen Ländern der Fall ist. In diesen Regionen gehört der Polytheismus meistens zur natürlichen Landkarte.

Im Islam sind viele Dinge streng verboten. Ein Beispiel dafür ist die Tatsache, dass der Koran nicht der Textkritik und der historischen Beleuchtung unterworfen wird wie die Bibel. Auch können Menschen nicht den islamischen Glauben aufgeben, ohne geächtet, bestraft oder gar getötet zu werden. Frauen die vollkommene Freiheit über ihren Körper und Geist zu gewähren, ist mit den islamischen Ideen nicht vereinbar, die sich mehr in der alten arabischen Kultur ansiedeln als in der modernen Gesellschaft. Westliche Gebräuche sind nach islamischen und auch christlichen Maßstäben entartet oder unheilig, doch im Islam ist die Freiheit, Maßstäbe außerhalb des Glaubens zu wählen, weitaus eingeschränkter als in anderen Religionen.

Schließlich ist das geografische Zentrum des Islam (die arabische Halbinsel und Mesopotamien) ein Teil der Welt, der

extrem gespalten ist. Im Gegensatz zu Afrika oder Lateinamerika, die auch Zeiten von Gewalt und Bürgerkriegen durchstehen mussten oder noch durchstehen, gibt es in der arabischen
Welt und im Iran eine Vielzahl von ethnischen Gruppen, Sekten, Stämmen und Nationen – und sie sind alle stark verknüpft
mit einem absolutistischen religiösen Reich, das seit seiner
Entstehung fortwährend Konflikte austrägt. Der christliche Re-
publikanismus wurde durch römisches und griechisches Gedankengut sowie durch die kritischen Abhandlungen der europäischen Aufklärung stark gemäßigt. Da das Reich des Christus
nicht von dieser Welt ist, konnte das Christentum in einen Dialog mit den Ideen anderer Zivilisationen treten, und ein Raum
zwischen der säkularen Gesellschaft und dem Glauben konnte
sich ausbilden. Der Islam, der als Theokratie entstand, kommt
weit weniger gut mit der Trennung von Religion und Staat und
mit dem Aufkommen weltlicher Staaten wie Ägypten, Syrien,
Irak, Libyen und der Türkei zurecht. Diese Trennung war stets
mit großem Widerstand verbunden. Dieser Umstand wird noch
durch die Tatsache verschärft, dass das geografische Zentrum
des Islam heute eine der ärmsten und leistungsschwächsten Regionen der Welt ist.

Die Welt hat sich die liberale Demokratie und die universellen
Menschenrechte zu eigen gemacht und so werden bestimmte
Praktiken der islamischen Welt vom Rest der Welt als barbarisch
angesehen, beispielsweise das Steinigen von Frauen wegen Ehe-
bruchs, Enthauptungen, das Abhacken der Hände wegen Dieb-
stahls, Ehrenmorde, das Verbot für Frauen, Auto zu fahren
oder einer bezahlten Arbeit nachzugehen oder auch nur kleine
Teile ihres Körpers zu zeigen, die Todesstrafe für nicht konfor-
me Künstler oder das Töten von Homosexuellen. Die moderne

Welt, so wird argumentiert, hat eine solche grausame Härte überwunden.

Es wäre falsch zu behaupten, dass die Muslime in der Geschichte oder auch heute in einem dogmatischen, militanten, intoleranten Glauben gefangen sind. Ganz sicher waren die meisten Muslime zu jeder Zeit ganz einfach Menschen, die sich eine Wohnung, Essen für ihre Kinder und ein Leben ohne Schmerzen wünschten. Das sind universelle Wünsche. In vielen Fällen haben Muslime nie irgendwelche Nichtmuslime kennengelernt. Was ich damit sagen möchte: Dort, wo der Islam eine dogmatische, militante und intolerante Form annimmt, können dessen Anhänger leicht auf Mohammed, den Koran und Jahrhunderte islamischen Imperialismus zurückgreifen, um ihre militante Auslegung des Islam zu rechtfertigen und sogar zu verklären.

Es stimmt also nicht, dass die meisten Muslime eine solche Auslegung des Islam gutheißen. Dennoch können gewaltsame, militante Bewegungen laut verkünden, sie unterschieden sich kaum von ihrem Gründer, seiner prophetischen Botschaft und dem Reich, das er gegründet hat.

Widerstand gegen Gewalt durch Muslime und islamische Nationen

Es stimmt nicht, dass alle islamischen Nationen sich mit dem militanten Islam wohlfühlen. Saudi-Arabien ist eine *wahhabitische* Nation, doch die Regierung hat in den Moscheen Kameras installiert, um die Predigten zu überwachen. Usbekistan, Kasachstan, Tadschikistan und Kuwait nehmen ebenfalls die

Predigten in den Moscheen auf und in den Vereinigten Arabischen Emiraten dürfen nur sehr wenige Geistliche ihre eigenen Predigten niederschreiben. In der Türkei gibt es eine religiöse Verwaltung, die *Diyanet*, die ebenfalls islamische Predigten kontrolliert. In Ägypten wurden weitreichende Schutzmaßnahmen eingeführt, um Hasspredigten von militanten Gruppen vorzubeugen. Dazu gehört, dass Prediger die Erlaubnis der Regierung benötigen und vorgegebene Themen für ihre Predigten verwenden müssen, aber auch das Verbot, in den Moscheen über Politik zu sprechen. Außerdem wurden 12 000 Prediger ihres Amtes enthoben.[19]

Die Tatsache, dass ein solcher Bedarf besteht, islamische Predigten in so vielen verschiedenen Ländern zu regulieren, ist ein Zeichen dafür, dass der Islam ein echtes Problem hat. Zwar wäre es falsch, daraus zu schließen, alle Muslime seien gewalttätig oder hießen Gewalt gut, doch mehr als in jeder anderen Religion gibt es im Islam breite Schneisen von Gläubigen, die gegen die zentralen Freiheiten der modernen Welt kämpfen; und das beobachten wir zu Beginn des 21. Jahrhunderts. In Afghanistan, Jordanien und Ägypten sind 75 Prozent der Muslime dafür, dass Menschen, die sich vom Islam abwenden, mit dem Tod bestraft werden.[20] Unter den Top-Ten-Ländern, die den Frauen ihre Rechte verweigern, sind neun Nationen mit muslimischer Mehrheit.[21] Als im Januar 2015 ein jordanischer Pilot lebendig

19 Converting the Preachers, The Economist, 13. Dezember 2014, http://alturl.com/fcosz

20 http://alturl.com/m5g9q

21 Die letzten zehn Länder der Rangliste im Bericht des Weltwirtschaftsforums über Frauenrechte sind muslimisch: http://alturl.com/yio4y

verbrannt wurde, war die gesamte islamische Welt schockiert, und die Antwort des hoch angesehenen „gemäßigten" sunnitischen Scheichs in Kairo lautete, die angemessene Strafe für eine so schreckliche Sünde sei „Töten, Kreuzigen oder das Abhacken von Gliedmaßen".[22] Das ist ganz sicher nicht die Art von Strafe, die die meisten liberalen Demokratien empfehlen würden.

Während sich eine sehr sichtbare islamische Minderheit für Gewalt und Terrorismus entschieden hat, gibt es Bewegungen innerhalb des Islam, die für einen friedlicheren Weg und die Trennung von Religion und Staat plädieren. Nicht alle Muslime fühlen sich von der Gewalt angezogen oder unterstützen sie. Die Anschläge vom 11. September, der IS, die Angriffe auf Charlie Hebdo in Paris, die Verbrennung des jordanischen Piloten und andere militante Handlungen sind für Millionen Muslime äußerst peinlich geworden.

Gegenreaktionen traten auf, die von westlichen Menschen anerkannt und begrüßt werden sollten. So hat das gewaltsame Aufzwingen der *Scharia* an Orten, die von IS kontrolliert werden, dazu geführt, dass viele Menschen im Irak und in Syrien sich dem Christentum oder dem Atheismus zuwenden.

Das *Arab Atheist Network*[23] (arabische atheistische Netzwerk) bietet Arabern, die sich vom islamischen Glauben und jeder Form von Religion abwenden, ein Forum. Freearabs.com[24] ist eine Onlinenachrichtenquelle, die infolge des Arabischen Frühlings entstand und „sowohl Autokraten als

---

22 http://alturl.com/3mt3a

23 http://www.arabatheistbroadcasting.com/program/magazine

24 www.freearabs.com

auch Extremisten mit kühnen Reportagen und Aufdecken von Missständen, gewagter Meinungsäußerung und kreativer, ausgefallener Kunst" konfrontiert. Die Talkshow *Black Ducks* auf Youtube ermöglicht das Austauschen von atheistischen und agnostischen Standpunkten.[25] „Bruder Rachid" postet Videos auf Youtube, darunter eines, in dem er darüber diskutiert, inwiefern der IS eher die Regel als die Ausnahme im Islam darstellt.[26] Der Journalist Brian Whitaker schrieb ein Buch mit dem Titel *Arabs without God* (Araber ohne Gott), in dem Araber zu Wort kommen, die beschlossen haben, dem Islam den Rücken zu kehren und jeden religiösen Glauben hinter sich zu lassen. Des Weiteren haben sich *Imame* im Vereinigten Königreich offen gegen Gewalt im Islam ausgesprochen.[27] Darüber hinaus haben eine Reihe von islamischen Ländern den IS und andere militante islamische Gruppen geächtet.

Viele Muslime sind wie Christen im Westen; sie sind es leid, die Fusion von Politik und Religion mit anzusehen und ziehen es vor, dass ihre Regierungen völlig weltlich sind. Andere werden säkular, wenn sie eine höhere Bildung genießen oder skeptische, moderne und postmoderne Ideen des Westens aufsaugen. Genau wie evangelikale Christen nicht gegen eine Säkularisierung immun sind, während Kirchen schließen und die Jugend ihre Zweifel bezüglich Kirche und Glauben äußert, findet ähnliches auch in den muslimischen Gemeinschaften statt.

---

25 https://www.youtube.com/channel/UCFt8pHU9jLviHacyxYfuiDw

26 https://www.youtube.com/watch?v=QxzOVSMUrGM

27 *Imams Warn British Not to Fight in Syria*, Christianity Today Online, 4. Juli 2014, http://alturl.com/k7y5c

Fragen zum Diskutieren

....

Glauben Sie, dass alle Gewalt im Alten Testament plausibel erklärbar ist?

Ist es aus muslimischer Sicht angebracht, historische Übergriffe, die Muslime vom christlichen Europa, vom christlichen Amerika oder vom orthodoxen Russland erlitten haben, als Imperialismus im Namen Christi zu sehen? Warum oder warum nicht?

Ist es realistisch zu denken, dass alle Muslime gewalttätig sind oder Gewalt im Namen des Islam befürworten?

Welche entscheidenden Differenzen bestehen zwischen dem Umgang von Jesus Christus mit der gefallenen Welt und der Art, wie Mohammed mit der Unheiligkeit dieser Welt umging? Wie führte Jesus das „Reich Gottes" ein und mit welchem Ziel?

Lehnen Sie als Christ jegliche Gewalt ab (Todesstrafe, Krieg usw.)? Wie würden Sie Ihren Standpunkt zur Gewalt einem Muslim gegenüber erklären? Welche Unterschiede oder Gemeinsamkeiten gibt es bezüglich der Gewalt im Christentum und im Islam?

Warum hören wir Ihrer Meinung nach so wenig von Muslimen, die gegen
Gewalt und Terrorismus protestieren?

Hatten Sie je Vorurteile gegen Muslime? Wenn ja, wann, wo und warum?

Kapitel 6

DIE TERRORISTISCHE BEDROHUNG

· ·

Es kann nicht geleugnet werden, dass der Islam gegenwärtig ein Terrorismusproblem hat. Doch man muss sich vor Augen halten, dass die Wahrscheinlichkeit, von einem islamischen Terroristen getötet zu werden, extrem gering ist. Das ungesunde Essen, das wir zu uns nehmen – Farbstoffe, Zucker und Geschmacksverstärker – stellt eine größere tägliche Bedrohung für uns dar. Warum also haben wir dermaßen Angst vor dem islamischen Terrorismus?

Ein Grund dafür ist – besonders für die Amerikaner – das Trauma der Anschläge vom 11. September 2001. Die Vereinigten Staaten, mächtig und von ihren Feinden durch die beiden größten Ozeane der Welt getrennt, haben sich von jeher für unverwundbar gehalten. Die Tatsache, dass 19 junge Männer, mit Cuttern bewaffnet, vier Flugzeuge abstürzen lassen, das World Trade Center zerstören und das Pentagon angreifen konnten, hat dafür gesorgt, dass sich die Amerikaner zutiefst verwundbar fühlen. Und auch in Europa hat diese Tat Spuren der Angst hinterlassen. Ein weiterer Grund sind die Medien (insbesondere die Nachrichtensender): Sie konzentrieren sich ständig auf die Angst als Marketingstrategie, um relevant zu bleiben und ihre Einschaltquoten in Zeiten aufrechtzuerhalten, in denen sich die Leute eher dem Internet für Nachrichten und Zerstreuung zuwenden. Angst als Marketingstrategie funktioniert, weil sie das Gehirn dazu zwingt, das Multitasking (mit dem Smartphone spielen, im Internet surfen, auf Facebook Nachrichten posten) aufzugeben und sich voll und ganz auf die traditionellen Nachrichtenquellen zu konzentrieren. Auch die lokalen Nachrichten basieren auf dem Prinzip der Angst: Kindesmissbrauch, beängstigende Stürme und entlaufene Straftäter. Darüber hinaus sorgen Thriller und andere Filme dafür, dass die schlimmsten Bilder von terroristischen Bedrohungen in unserem Kopf lebendig bleiben.

Ein weiterer, selten erwähnter Aspekt ist die Tendenz des Menschen, sich vor Bedrohungen zu fürchten, die nicht vorhersehbar und ungewohnt sind. Paul Slovicks Forschung über die Theorie der Gefahrenwahrnehmung führte zu dem Ergebnis, dass Menschen sich vor allem vor unbekannten Gefahren, neuen Gefahren und potenziell katastrophalen Gefahren fürchten. Wir sind daran gewöhnt, dass Autounfälle passieren und dass wir täglich ein Risiko eingehen, wenn wir in unser Auto steigen und daher sind unsere Ängste sehr begrenzt. Doch der Anschlag auf das World Trade Center oder die Ermordung von unschuldigen Besuchern eines Straßencafés sind neue Bedrohungen und sie führen zu irrationalen Überreaktionen. Terroristen spielen mit dieser Art tief empfundener Ängste.

Tatsache ist, dass groß angelegte terroristische Anschläge nicht leicht auszuführen sind. Die Anschläge vom 11. September durch *al-Qaida* waren beispiellos in dem Sinne, dass siebzig oder achtzig Personen, die in den Plan eingeweiht waren, das Geheimnis bis zum Schluss bewahrt haben (obgleich es Belege dafür gibt, dass es gewisse Warnungen gab). Das nötige Maß an Geheimhaltung, intelligenter Planung, Koordination, Umgehung der Sicherheitskräfte sowie Glück ist beträchtlich. Wir überschätzen in höchstem Maße, wie viele kriminelle Superhirne da draußen am Werk sind, wie uns in Spielfilmen vorgegaukelt wird.

Eine weitere Herausforderung für potenzielle Terroristen, die westliche Länder angreifen wollen, ist die Tatsache, dass sie oft von Muslimen vor Ort, von Familienmitgliedern oder wachsamen Mitbürgern identifiziert oder ohne ihr Wissen von Informanten beobachtet werden.[28] Doch auch diese Wahrheit wird in den Nachrichten kaum erwähnt.

Terror-Pornografie und wie die Angst den Glauben schwächt

Bilder, die Gewalt zeigen, haben große Macht. Viele radikale Muslime haben sich an dem Tag zu radikalisieren begonnen, als sie Bilder von US-Truppen sahen (darunter Frauen, was für sie besonders beleidigend ist), die nackte Muslime im Abu-Ghraib-Gefängnis anbanden und mit Maschinengewehren und Hunden

---

28 David Sterman, *The Myth of the Invisible Jet-Setting Jihadi*, Time Magazine Online, 5. September 2014, http://alturl.com/a4hw2

bedrohten; sie durften sich noch nicht einmal nach dem Gang zur Toilette säubern. Diese veröffentlichten Fotos haben in der islamischen Welt große Wut ausgelöst. Die Fotos berührten die Gefühle, die Scham und den Stolz der Muslime.

Nach zwei Kriegen und immer neuen Umfragen, die zeigten, dass die Amerikaner des Kämpfens müde sind und nicht mehr für die Konflikte des Nahen Ostens zahlen wollen, geschah etwas Ähnliches auf der anderen Seite: Als IS begann, Videos von Enthauptungen zu veröffentlichen, nahm die Unterstützung für die Bekämpfung von IS dramatisch zu. Die Fotos von Enthauptungen trafen die Gefühle und den Stolz der Amerikaner. Bilder können zu Überreaktionen führen.

Al-Qaida und IS haben begriffen, dass Bilder eine große Macht ausüben. Eine Enthauptung, das lebendige Verbrennen eines Menschen in einem Käfig oder die Kreuzigung von Menschen, die sich westlichen Konsums schuldig gemacht haben, zu filmen, hat große Wirkung. Als Anhänger von Bashar Assad die Genitalien von Kindern abschnitten oder Fassbomben willkürlich gegen Unschuldige eingesetzt wurden oder 70 Mal mehr Menschen in Syrien getötet wurden als Amerikaner bei den Anschlägen vom 11. September, gab es im Westen nur wenige Debatten darüber, was zu tun sei. Diese enormen, mehrfachen Tragödien wurden kaum in der Öffentlichkeit bekannt gemacht. Doch wenn ein paar Männer an einem Strand in Libyen enthauptet werden, setzt weltweit Panik ein, und innerhalb weniger Tage erfolgt eine bedeutende militärische Reaktion. Bilder, die Gewalt zeigen, funktionieren gut für terroristische Gruppen, weil wir in einer extrem visuellen Welt leben. Je größer die Reaktionen des Westens auf diese Bilder sind, umso mehr Freiwillige treten den Terroristen bei. So sah das Muster bisher aus.

Es ist interessant zu beobachten, dass viele Christen im Nahen Osten, die wirklich unter Verfolgung leiden oder sogar mit Hinrichtungen durch die Hand islamischer Extremisten rechnen müssen, bereit sind zu vergeben. Sie wünschen sich, dass ihre Verfolger sich zu Jesus Christus wenden. Die tatsächliche lebensbedrohliche Situation, in der sie sich befinden, motiviert sie dazu, Jesus Christus als Modell nachzuahmen. Im Westen dagegen, wo die Wahrscheinlichkeit, von einem Islamisten getötet zu werden, äußerst gering ist, hört man von vielen Christen eher die Sprache der Angst und Rache. Könnte es sein, dass wir uns zu sehr in einem Schutzraum befinden, sodass wir zulassen, dass die Lehren des Evangeliums von den kulturellen Botschaften, mit denen wir in unseren Ländern bombardiert werden, überrannt werden?

Jesus lebte während seines dreijährigen Dienstes unter ständiger Bedrohung. Die Menschen, die er liebte, und das Land, das er liebte, waren von einer fremden Armee besetzt. Er wusste, dass der heilige Tempel, in dem er Gott lobte, nur wenige Jahre später zerstört werden würde. Die Menschen, die er traf und mit denen er umherzog und die er als Freunde betrachtete, würden wahrscheinlich von den Römern verfolgt, gefoltert oder getötet werden. Jesus wusste, dass seine Jünger mit Verfolgung rechnen mussten, und er wusste im Garten Gethsemane, dass die schrecklichste Form des Terrorismus in der Geschichte der Menschheit im Begriff stand, verübt zu werden: Der Sohn Gottes, der vollkommen unschuldig und heilig war, würde verspottet, gefoltert und an ein Kreuz genagelt werden, wo er mühsam ersticken würde. Doch Jesus ließ es nicht zu, dass die Angst ihn dominierte, und er weigerte sich, an Rache zu denken. Wenn irgendjemand zu Recht mit Gewalt reagieren dürfte, dann wäre es Jesus. Doch wie bei vielen Christen im Nahen Osten heute ging es Jesus nicht in erster Linie um sein Leiden, sondern um Erlösung für alle Menschen. Er ging sogar so weit, Gott für seine Verfolger um Vergebung zu bitten und mitten im schlimmsten Schmerz einem schuldigen Dieb am Kreuz neben ihm das Paradies zu versprechen.

Sind „islamische Terroristen" wirklich islamisch?

Es ist nach wie vor in vielen Kreisen tabu zu behaupten, der Terrorismus sei direkt mit der islamischen Religion verbunden. Stattdessen wird darauf bestanden, der Terrorismus von Gruppen wie IS und *al-Qaida* sei nicht islamisch und könne durch keinerlei Glauben gerechtfertigt werden. Der frühere amerikanische Präsident George W. Bush sagte den berühmten Satz „Islam ist Frieden" und sein Nachfolger Barack Obama hat ebenfalls den Terrorismus vom Islam unterschieden. Grundsätzlich ist das gut. Die große Mehrheit der Muslime weltweit hat nichts mit terroristischen Anschlägen zu tun, und so brauchen die US-Präsidenten keinen religiösen Krieg gegen den Islam auszurufen, was den Terroristen nur neue Anhänger bescheren würde. Das wäre kontraproduktiv und würde der dualistischen und manchmal apokalyptischen Sichtweise der Terroristen in die Hände spielen. Präsidenten sollten nicht in diese Falle tappen.

Die terroristischen Gruppen beanspruchen für sich, eine reinere Form des Islam zu repräsentieren, doch sie haben die Gewohnheit, sehr selektiv mit der Wahl und Interpretation von heiligen Texten umzugehen und verwerfen die klassischen

Methoden der Juristen und Theologen, die die Genauigkeit und Authentizität mündlich überlieferter Traditionen überprüfen.[29] Es ist wichtig, dass Nichtmuslime verstehen, dass in der gesamten Geschichte der islamischen Zivilisation die Gesellschaften in Gesetz und Justiz verwurzelt waren, um die Dinge im Gleichgewicht zu halten, und nicht in sträflicher Gewalt oder Terror.[30]

Bedeutet dies, dass Gruppen wie al-Qaida und IS nicht im islamischen Glauben verwurzelt sind? Nein. Wie wir bereits gesehen haben, geht es um einen tieferen und komplexeren Krieg innerhalb des Islam. Diese Gruppen sind zwar eine Minderheit und sie reißen islamische Schriften aus ihrem Kontext oder legen sie wörtlicher aus als die meisten Muslime, doch können diese Ideologien nicht vom Islam getrennt werden. Sie berufen sich auf einen islamischen Propheten, sie denken über Momente in der islamischen Geschichte nach, sie befinden sich in Ländern, die der Islam erobert hat, ihre Sprache ist die heilige Sprache des Islam (Arabisch), ihre grundlegende Weltsicht ist islamisch und sie berufen sich auf islamische Prophezeiungen und apokalyptische Zukunftsvisionen. Mit anderen Worten: Ihre Hardware ist verformt, unbeliebt und produziert schlechte Daten, doch ihre Software ist definitiv islamisch.

Viele islamische Gelehrte protestieren gegen diese Charakterisierung und behaupten, diese terroristischen Gruppen seien so weit vom Islam entfernt, wie die jahrzehntelangen blutigen Auseinandersetzungen zwischen der Irisch-Republikanischen

---

29 Bernard Lewis, *The Crisis of Islam: Holy War and Unholy Terror* (New York: The Modern Library, 2003), S. 138.

30 ebd., S. 141.

Armee einerseits und der Ulster Defence Association anderer-seits von den Lehren des Neuen Testaments entfernt sind. Doch um auf die Computeranalogie zurückzukommen: Die Standard-software des Islam und die Software militanter Islamisten über-lappen sich in vielen verschiedenen Komponenten.

So war beispielsweise in der gesamten Geschichte des Islam und beinahe überall in der islamischen Welt das Aufgeben des islamischen Glaubens ein Delikt, das mit der Todesstrafe ge-sühnt wurde. Dementsprechend gab es nur sehr wenige Be-kehrungen von Muslimen zum Christentum in der Geschichte. Dies ist nach wie vor ein weitverbreitetes Problem in der isla-mischen Welt und keineswegs selten. Die Haltung „Wir ge-gen sie", die von den Terroristen gefördert wird, ist eine ganz und gar islamische Mentalität, die von nicht militanten mus-limischen Gesellschaften weltweit gelebt wird. Der Islam ist nicht nur eine Religion, sondern auch eine Zivilisation, die ihre zentralen Werte weltweit verbreitet hat. Wirkliche Annahme und Integration Nichtgläubiger (über einfache Toleranz hinaus-gehend) gehört nicht zur DNA einer islamischen Zivilisation. Intoleranz gegenüber Andersgläubigen, gegenüber liberalen demokratischen Ideen und sogar grundlegenden Themen wie dem Wert und der Rolle der Frau in der Gesellschaft sind weit verbreitet.

Ein Beispiel: Von den zehn Ländern, die im Bericht des Welt-wirtschaftsforums über Frauenrechte ganz oben auf der Skala der problematischen Nationen stehen, haben neun Länder eine überwiegend muslimische Bevölkerung.[31] Statistiken belegen, dass mehr als 75 Prozent der Muslime in Afghanistan, Jordanien

---

31 http://reports.weforum.org/global-gender-gap-report-2013/

und Ägypten die Todesstrafe für Muslime befürworten, die ihren Glauben verlassen.[32]

Kann der Islam eine so strenge, absolutistische Religion mit ihrer Tradition von Märtyrern, Bestrafungen für Gotteslästerung, Todesstrafe für Apostasie und Dschihad-Erklärungen sein, ohne dass die Terroristen diese Ideen aufgreifen und in extremer Weise umsetzen? Wie in den letzten Kapiteln bereits deutlich wurde, gibt es genügend Beispiele voller Gewalt und Gebietserweiterung während der Gründung des Islam und während der Lebenszeit des Propheten, um behaupten zu können, dass sich der Islam auf eine Weise mit Gewalt wohlfühlt, die es in keiner anderen Religion gibt. Der Politikwissenschaftler Samuel P. Huntington nahm in seinem Buch Kampf der Kulturen auf die „blutigen Grenzen des Islam" Bezug, doch der überwiegende Teil des kriegerischen Terrorismus in der heutigen Welt kreist um Gesellschaften, die Teil der islamischen Welt sind.[33] Die Tatsache, dass viele Nationen, in denen der Islam dominiert, nicht mit den Ideen der liberalen Demokratie oder den „universellen Menschenrechten" übereinstimmen, lässt den Schluss zu, dass der Islam enorme Schwierigkeiten hat zu definieren, wie friedlich er wirklich ist.

Mit anderen Worten: Die Geschichte Mohammeds, die Verse des Korans und die zahlreichen Hadithe geben dem Terrorismus in beträchtlichem Umfang eine islamische Sprache und islamische theologische Konzepte, um Gewalt zu rechtfertigen. Terrorismus und Gewalt weichen vielleicht von dem ab, was

---

32 http://alturl.com/epwt3

33 Samuel P. Huntington, The Clash of Civilizations and the Remaking of the World Order (New York: Touchstone, 1997), S. 254–258.

die meisten Muslime der Welt glauben, doch sie gehören ganz klar zur islamischen „Software" (Religion und Zivilisation). Aus diesem Grund werden selbst in islamischen Ländern weltweit Moscheen, Imame und Predigten zensiert und überwacht. Die Sprache, Geschichte und Ideen des Islam können auf eine Weise ausgelegt werden, die viele friedliche Muslime, islamische Regierungen und Weltbürger ausgesprochen unangenehm finden.

Im neuesten *Freedom-House*-Bericht über Demokratie und Freiheit in der Welt sind die Bewertungen für den Nahen Osten, Nordafrika und Zentralasien niedriger als in den übrigen Teilen der Welt. Die fehlende politische Freiheit im überwiegenden Teil der islamischen Welt ist zwangsläufig mit der mangelnden Gedankenfreiheit verknüpft, die in der islamischen Weltsicht erlaubt ist. Die Debatte über die *Scharia* in islamischen Gemeinschaften und die weitverbreitete Hervorhebung der *Scharia* durch verschiedene terroristische Gruppen sind weitere Beispiele dafür, wie Terroristen sich auf islamische Traditionen und die Begrenzungen nicht islamischer Freiheitsdefinitionen berufen.

Wie ich bereits ausgeführt habe, teilt die muslimische Tradition die Welt in zwei Häuser ein: das Haus des Islam (*Dar al-Islam*), in dem das islamische Gesetz gilt, und das Haus des Krieges (*Dar al-Harb*), das den Rest der Welt umfasst, der nicht nur von Ungläubigen bewohnt, sondern auch von ihnen regiert wird. Dies ist ein weiteres Beispiel einer tief verwurzelten islamischen Idee, auf die sich die Terroristen berufen. Von Mohammeds Abschiedsworten 632 n. Chr. bis zu Saladin 500 Jahre später, über Ajatollah Khomeini 1979 und bis zu Osama bin Laden 2001 war die Verpflichtung „alle Menschen zu bekämpfen, bis sie sagen, dass es keinen Gott außer Allah gibt" der beständige

Refrain islamischer Führer in der gesamten islamischen Geschichte; denn im Gegensatz zum Christentum ist es nach islamischer Auffassung die gegenwärtige Welt, die es zu erobern gilt.

Viele Muslime pflichten globalen Ideen der Toleranz bei sowie dem Wert der Vielfalt, dem Wert der Frauen, der Notwendigkeit der freien Meinungsäußerung, der Trennung von Religion und Staat und den Menschenrechten. Doch werden all diese Werte unbestreitbar in den Offenbarungen des Korans und der Hadithe hervorgehoben? Nein, der Koran ist den liberalen Werten nicht gerade zugetan. Stattdessen ist es sogar möglich, die Sanktionierung von Enthauptungen im Koran zu finden.[34]

Ohne die Klarheit eines friedvollen Propheten wie Jesus (der selbst gefoltert wurde, aber predigte, man solle die andere Wange hinhalten) und ohne die Trennung zwischen „den Dingen des Kaisers und Gott" kann es im Islam kein Einvernehmen über die Frage geben, wer Autorität hat, und zu viele Stimmen mit wirklich negativem Einfluss finden Widerhall. Vom Ajatollah im Iran über den saudischen Geistlichen Muhammad al-Arifi bis zu den Stimmen extremistischer Imame in Städten wie London und Paris ist der Islam eine absolutistische Religion mit einem enormen Führungsvakuum, das von gewalttätigen und radikalen Wortführern genutzt wird.

Dem Islam ist es nicht gelungen, einen öffentlichen Raum zu schaffen, in dem offen und sicher ein für alle Mal über seinen Identitätskern debattiert werden kann. Der Islam hatte keine Reformation wie das Christentum. Sogar die große Trennung zwischen Sunniten und Schiiten war von Gewalt und Völkermord

---

34 http://www.meforum.org/713/beheading-in-the-name-of-islam

geprägt, wofür im Islam nach wie vor Verständnis aufgebracht wird. Wir würden es heute seltsam finden, wenn Katholiken, Protestanten und Orthodoxe sich für die mit Gewalt herbeigeführte Dezimierung eines anderen Zweigs des christlichen Glaubens aussprechen würden, nicht wahr?

Es gibt Reformer wie Majiid Nawaz, aber sie sind im Allgemeinen kaum bekannt. So wie es keinen friedlichen islamischen Messias gab, so gibt es auch keinen islamischen Martin Luther, Martin Luther King oder Gandhi. Es gab keine großen Persönlichkeiten im Islam, die neu definiert hätten, wie die absolutistische Natur des Glaubens auf eine Weise gelebt werden kann, die sich klar von Gewalt distanziert oder mit den anderen Kulturen und Religionen der Welt harmonieren kann. Darüber hinaus sind viele islamische Nationen (und das geografische Herz des Islam, Arabien) Kulturen, in denen die Ehre um jeden Preis geschützt werden muss, und für viele Muslime ist der Niedergang der islamischen Zivilisation eine Schmach, die schließlich gerächt werden muss. Das entspricht ganz klar den Ideen des Korans. Wenn wir das mit der Bibel vergleichen, stellen wir fest, dass sie mit dem Buch der Offenbarung abschließt, in der es um eine verfolgte Kirche geht.

Das Christentum begann zwar im Nahen Osten, doch seine militanten und ethnozentrischen Tendenzen wurden durch Jesus gemäßigt, außerdem durch das römische Gesetz, durch die Demokratie und durch den säkularen Humanismus (zu dessen Entstehung es beitrug). Das Fehlen eines solchen Prozesses führt zu Ideen wie der, dass Nichtmuslime in Saudi-Arabien ihren Glauben nicht ausleben dürfen, dass der Schriftsteller Salman Rushdie wegen Gotteslästerung in einem seiner Romane getötet werden sollte oder dass ein Verwandter, der durch den

Übertritt zum christlichen Glauben die Familie entehrt, den Tod verdient.

Ich habe hier aufgezeigt, dass es Hunderte Millionen friedlicher Muslime sowie ganze Länder gibt, die eher säkular geprägt sind oder wo Christen problemlos neben Muslimen leben können, doch es ist eine Tatsache, dass der Islam ein historisches, kulturelles und zivilisatorisches Erbe besitzt, auf das sich Terroristen mit ihren Gewaltakten laufend berufen – angefangen bei ihrem Respekt für Mohammed und ihrer Auslegung des Korans. Dieser Tatsache muss man offen ins Auge sehen.

Fragen zum Diskutieren

. . . .

Wie groß ist Ihre Angst, bei einem terroristischen Anschlag ums Leben zu kommen? Glauben Sie, das Maß ihrer Sorge steht im richtigen Verhältnis zur Realität?

Woran liegt es, dass wir uns mehr vor negativen Ereignissen mit geringer Wahrscheinlichkeit fürchten als vor solchen mit hoher Wahrscheinlichkeit? Was könnte in unserer Kultur zu einer Überreaktion auf den Terrorismus beitragen?

Wie sollten wir nach der Bibel über den Tod denken? Berücksichtigen wir dies bei unserer Angst vor dem Terrorismus?

Welche Reformen wären in der islamischen Welt nötig? Sehen Sie Reformen, die durchgeführt werden? Warum werden andere nicht durchgeführt?

Ungeachtet des Widerwillens vieler Muslime und anderer Stimmen erklärt der Autor, warum man den islamischen Terrorismus tatsächlich als islamisch ansehen muss. Welche Gründe führt der Autor an und wie zeigt er, inwiefern diese Dinge im islamischen Glauben verwurzelt sind? Sind Sie damit einverstanden oder nicht?

■ Kapitel 7

DIE ZUKUNFT DER
ISLAMISCHEN WELT

....

Wie wird die Zukunft der islamischen Welt aussehen? Wird der Arabische Frühling schließlich zu einer Welle der Demokratisierung führen, wie es in Osteuropa der Fall war? Oder werden sich Gruppen wie *al-Qaida*, IS und *Boko Haram* weiter aufschwingen und versuchen, die islamische Welt zu kontrollieren? Wird der Terrorismus eingedämmt oder wird er sich noch weiter ausbreiten und im Westen, in Afrika, Asien und Lateinamerika Fuß fassen? Dieses Kapitel wird sich damit beschäftigen, wodurch das derzeitige Durcheinander in der islamischen Welt entstand und was dies für die kommenden Jahrzehnte bedeutet.

Eine neue Weltordnung

Nach dem Ende des Kalten Krieges (1945–1991) begann eine Periode der raschen Kommunikation, des politischen Austausches, der ökonomischen Integration und der globalen Wechselbeziehungen. Der Begriff „Globalisierung" wurde geprägt, um diese Situation zu beschreiben, doch ich persönlich ziehe den Begriff Hyper-Globalisierung vor, um herauszustellen, wie ungewöhnlich schnell eine globale Integration vonstattenging. Mit dem Zusammenbruch der Sowjetunion hatte sich der Kommunismus als nicht lebensfähiges Politik- und Wirtschaftssystem herausgestellt und der Kapitalismus und die Demokratie gingen offenbar als Sieger hervor. Die Anzahl der Demokratien nahm in den 1990er-Jahren dramatisch zu und der Großteil der Welt strebte danach, sich in das westliche System des freien Marktes zu integrieren.

Die Globalisierung sorgte dafür, dass der allgemeine Lebensstandard der Welt in Höchstgeschwindigkeit anstieg. Zwanzig Jahre nach dem Fall der Berliner Mauer hatte sich die Zahl der Menschen, die weltweit in absoluter Armut leben, auf weniger als eine Milliarde reduziert, was in der Geschichte der Menschheit einmalig war. Weltweit bildete sich in dieser Zeit eine neue globale Mittelklasse, vor allem in armen Ländern wie China und Indien, die sich von Ländern mit weitverbreiteter extremer Armut zu Ländern entwickelten, in denen eine Mittelklasse lebt, die zahlenmäßig der Gesamtbevölkerung der USA entspricht. In China gibt es inzwischen mehr als 300 Millionen Menschen in der aufkommenden Mittelklasse und der durchschnittliche Inder ist heute wohlhabender als der durchschnittliche Russe.

Während viele unterentwickelte Länder das Aufkommen

einer Mittelklasse erlebten, nahm die Mittelklasse in bereits zuvor entwickelten Ländern (Japan, USA, Vereinigtes Königreich) zugunsten der Ober- und der Unterschicht ab. Die Globalisierung hebt insgesamt den Lebensstandard der Menschen, doch sie schafft auch eine große Kluft zwischen Reich und Arm.

In der islamischen Welt bedeutete das Ende des Kalten Krieges, dass der Marxismus nicht länger eine realistische Ideologie war, um ein effizientes Politik- und Wirtschaftssystem zu bieten. Leider galt dasselbe für die Demokratie, da die meisten islamischen Länder entweder von Diktatoren regiert wurden, keine Erfahrung mit der Demokratie hatten oder voller ethnischer Stammesgruppen waren, die nur deshalb friedlich nebeneinander lebten, weil sie von ihren autoritären Regierungen dazu gezwungen worden waren. Dieser Mangel an Ideologie für eine geordnete Gesellschaft führte dazu, dass der militante Islam eine neue Ideologie wurde, die sich den Unterdrückerstaaten des Nahen Ostens, Nordafrikas, Russlands, Zentralasiens und des Westens entgegenstellte. Dahinter steht der Glaube, dass die Welt in Ordnung käme, wenn eine klassische islamische Gesellschaft wiederhergestellt würde. Der islamische Faschismus füllte das ideologische Loch, das der arabische Nationalismus, Autoritarismus und der Marxismus hinterlassen hatten.

Die Entscheidung, in den Irak einzufallen und Saddam Hussein zu stürzen, schuf ein neues Führungsvakuum in der unbeständigsten Gegend der Welt, dem ehemaligen Mesopotamien. Saddam Hussein war zwar ein skrupelloser Führer, doch der Irak diente als ausgleichendes Element gegen Iran und Syrien und hielt die Gewalt der Stämme unter Kontrolle, sodass terroristische Gruppen wie IS und *al-Qaida* diese gefährliche Region nur schwer besiedeln konnten. Mit dem Zusammenbruch der Hussein-Regierung kehrten all diese Probleme mit Macht zurück und der Irak wurde ein sicherer Hafen für Terroristen, ethnische Milizen und für Mächte von außen, die nach ihrem Gutdünken manipulierend eingreifen. Der Irak ist derzeit ein Nährboden für Terrorismus und Gewalt.

Religiöser Kampfgeist und Terrorismus waren von jeher ein Weg, Menschen gegen ungerechte Regierungen, wirtschaftliche Systeme oder Landstreitereien miteinander zu verbünden. Das ist nicht nur im Islam so. Die Rebellen der *Befreiungstiger von Tamil Eelam* in Sri Lanka taten etwas Ähnliches im Namen des Hinduismus. Doch da Mohammed seine Nachfolger dazu aufforderte, eine islamische Welt auf dieser Erde zu schaffen, ist der Islam besonders anfällig dafür, zu einer religiös-politischen Ideologie zu werden, und genau das ist mit Gruppen wie *al-Qaida*, IS und *Boko Haram* geschehen.

Wie ich in meinem Buch *Passport of Faith* ausgeführt habe, erzeugen Perioden einer Hyper-Globalisierung stets eine Gegenbewegung, in deren Zuge neue Ideologien aufkommen, um die Weltordnung anzufechten.[35] Der militante Islam verfügt über alle Zutaten, um auf lange Sicht als grundlegender Widerstand gegen die Globalisierung in der islamischen Welt zu fungieren. Das Ziel, eine „gerechte" islamische Welt unter „Gottes Segen", in der jeder in ein „goldenes Zeitalter" zurückversetzt wird, zu schaffen, ist eine einflussreiche Botschaft für Menschen, die sich unterdrückt fühlen und den Eindruck haben, in der neuen Weltordnung abgehängt worden zu sein. In Gesellschaften mit hohem Analphabetismus, einer großen Anzahl junger Men-

---

35 Patrick Nachtigall, Passport to Faith: A Christian's Encounter with World Religions (Anderson: Warner Press, 2006).

schen, großer Armut und traditionellen Werten ist dies eine besonders attraktive Botschaft.

Das unkontrollierbare Chaos im Nahen Osten

Der bevorstehende Zusammenbruch des Jemen ist ein Beispiel für das, was im gesamten Nahen Osten vor sich geht. Das sunnitische Saudi-Arabien und der schiitische Iran finanzieren Milizen im Jemen und da es keine starke zentrale Regierung gibt, bricht die Regierung zusammen und hinterlässt einen gescheiterten Staat, in dem Gewalt und Terrorismus überhandnehmen.[36] Dasselbe passierte in Syrien und im Irak. In Ländern wie dem Jemen gibt es von den USA unterstützte und von *al-Qaida* unterstützte Milizen. Der Verlust von Autorität im Nahen Osten hat ein Vakuum geschaffen, in dem terroristische Gruppen aktiv werden. Diese nutzen die Kluft zwischen Sunniten und Schiiten und sorgen für weitere Spaltungen im Nahen Osten und die Ausbreitung des Terrorismus. Zudem ziehen sie den Westen immer stärker in die Konflikte mit hinein. Es ist ein Teufelskreis, der sich in absehbarer Zukunft fortsetzen wird.

Genauso wie die Vereinigten Staaten und die Sowjetunion Stellvertreterkriege in Mittelamerika und Südostasien – weit von ihren eigenen Gebieten entfernt – austrugen, genauso

---

36 An dem Tag, an dem dieses Kapitel fertiggestellt wurde, begann Saudi-Arabien mit einer Koalition arabischer Staaten den Jemen zu bombardieren; der Regierungschef wurde gestürzt und die USA zogen sich aus dem Land zurück. Der Zusammenbruch begann offenbar mit der Konfrontation zwischen Sunniten und Schiiten bezüglich der Kontrolle des Jemen. Das Land ist dadurch zu einem perfekten Nest für Terroristen geworden.

beginnen sunnitische und schiitische Staaten heute ihre Stellvertreterkriege auszutragen, indem sie Milizen im Nahen Osten und in Nordafrika finanzieren. Die Amerikaner antworten darauf, indem sie in diesem Sumpf nach Milizen suchen, die sie unterstützen können. Diese Milizen werden als „gemäßigt" etikettiert, wobei dieser Begriff Harmlosigkeit vortäuscht. Die Unterstützung gemäßigter Gruppen führt unweigerlich zu einem Sektierertum, das vorher nicht da war. Die gemäßigten Gruppen sind dann genauso anfällig für Blutrache und Blutvergießen wie die ursprünglichen terroristischen Gruppen.

Mit anderen Worten: Große arabische Staaten finanzieren schiitische und sunnitische Milizen und Regierungen, um Einfluss in der Region zu gewinnen und einander auszubremsen. Die USA finanzieren Milizen, um den Terrorismus zu stoppen. Diese Bürgerkriege zerstören Länder und schaffen ethnische und religiöse Stammestümer. Terroristische Gruppen wie IS und al-Qaida machen sich den Zusammenbruch von Ländern wie Libyen, Syrien, Irak und Jemen zunutze und verbünden sich sogar gelegentlich mit anderen Milizen. Die USA und der Westen finanzieren Milizen, die weitere Spaltungen sowie den Wunsch nach Rache fördern.

Manchmal gibt es Spaltungen zwischen Sunniten und Schiiten, manchmal zwischen Separatisten und Nationalisten, manchmal zwischen Anhängern der Demokratie und denen des Autoritarismus. All das wird unweigerlich miteinander vermischt und führt dazu, dass es auch um kriminelle Netzwerke geht, um Zugang zu Ressourcen, um alte Stammesfehden oder um die Möglichkeit, Millionen Dollar aus Staaten wie den USA, Saudi-Arabien und dem Iran zu beziehen. Keine Partei kämpft schließlich offen und ehrlich, und alle beteiligten Gruppen – von

IS bis zu den „Freiheitskämpfern" – landen letztendlich bei einer Kultur der Gewalt, der Folter und Korruption. Echte friedliche Reformer werden von dem Chaos verschlungen, das durch den Zusammenbruch der Ordnung im Nahen Osten entstand, und all dies geschieht innerhalb einer islamischen Kultur, die nicht genug liberal-demokratische Ideen in ihren zentralen Institutionen aufsaugen konnte.

Das führt zu seltsamen Situationen: Beispielsweise nutzt Amerikas traditioneller Feind Iran seine schiitischen Streitkräfte, um die sunnitischen IS-Terroristen im Irak anzugreifen, doch dieselben Streitkräfte unterstützen auch das Regime in Syrien, das Amerika ebenfalls ablehnt. Es ist sogar noch merkwürdiger, dass IS die iranischen und amerikanischen Streitkräfte mit militärischer Ausrüstung bekämpft, die von amerikanisch unterstützten Milizen entweder in früheren Kämpfen verloren oder zurückgelassen wurde, oder noch schlimmer, weil die früheren US-Verbündeten sich auf die Seite von IS geschlagen haben.

Die USA und die westlichen Nationen sind auch in einer anderen Falle gefangen: Wenn sie sich mit ihren Feinden (wie dem Iran) verbünden, um andere Feinde (wie IS) zu bekämpfen und eine Schlacht gewinnen, tragen sie die Verantwortung für all das Blutvergießen, das anschließend aus Rache ausgelöst wird. Wenn sie sich jedoch heraushalten, wird der Krieg gegen die terroristischen Gruppen schließlich verloren oder von ihren Feinden geführt. Es ist eine echte Pattsituation. Ein weiterer Umstand sorgt für eine Zuspitzung der Probleme: Im Nahen Osten existiert vielerorts der Glaube an eine Konspirationstheorie, nach der der IS eine Schöpfung der USA und Israels ist, um ihre Kontrolle über den Nahen Osten auszuweiten. Unweigerlich gewinnt das Chaos, nicht etwa Recht und Ordnung.

Warum es weiterhin Menschen geben wird, die sich terroristischen Gruppen anschließen

Der Terrorismus bietet eine Quelle der Finanzierung und des materiellen Wohlstandes. IS verkauft Öl, stiehlt wertvolle Museumsobjekte (wenn sie sie nicht zerstören), um sie auf dem Schwarzmarkt zu verkaufen und beraubt Banken. Die *Taliban* besteuern Opium und Rosinen; *al-Qaida* benutzt muslimische gemeinnützige Organisationen und Wohltätigkeitsvereine, um im Drogenhandel mitzumischen, Geld für einzelne Personen aufzutreiben und terroristische Aktivitäten zu finanzieren. In den mangelhaft regierten afrikanischen Staaten Tschad, Kamerun, Nigeria und Niger ist *Boko Haram* (was „Westliche Bildung ist ein Sakrileg" bedeutet) aktiv: die Organisation entführt Frauen, Missionare und Kinder, um Lösegelder zu erpressen. Auch der Sexhandel wird weiterhin eine Möglichkeit für terroristische Gruppen sein, ihre Aktivitäten zu finanzieren; einige werden diese Form der Finanzierung sogar an erster Stelle nutzen. Der Zugang zu Frauen ist für viele Terroristen eine weitere starke Motivation, weil sie oft aus Gesellschaften stammen, in denen die Vermischung der Geschlechter nicht gutgeheißen wird. Testosteron und der Adrenalinstoß eines großen Abenteuers sind ebenfalls wichtige Beweggründe, sich terroristischen Gruppen anzuschließen. Gerade für junge Männer zählt dieses Argument und sie sind besonders anfällig dafür, sich terroristischen Gruppen anzuschließen und Verbrechen zu verüben. Beim Terrorismus geht es um weit mehr als um „die Sache" oder einen spirituellen Dschihad; es geht meistens um wirtschaftliche Fragen, Gier, Sex und die Globalisierung krimineller Netzwerke, die dann spiritualisiert werden, indem die

Sprache und die Symbole der islamischen Geschichte verwendet werden.

In terroristischen Gruppen gibt es immer solche, die wirklich an die Sache glauben und einen gewaltsamen Dschihad im Namen des Islam führen. Andere sind Psychopathen, die sich komplett darauf eingeschossen haben, ihre Feinde zu vernichten. Viele der großen Anführer und Henker fallen in diese Kategorie. Andere wiederum sind beeinflussbare, naive junge Menschen, die sich nach Abenteuern sehnen und auf die simple Theologie und Ideologie der terroristischen Gruppen hereinfallen. Sie sind oft Zielscheibe terroristischer Anwerber, die wissen, wie sie verwundbare, zerbrochene oder beeinflussbare junge Menschen finden können, um ihnen einen neuen Lebenssinn und eine neue „Familie" und Zugehörigkeit zu bieten.

Viele junge Terroristen haben romantische Träume von dem, was ihnen in einer terroristischen Gruppe geboten wird: Ehre, Geld, ersten Sex mit einer Frau, das Märtyrertum oder eine Flucht aus ihrem eintönigen Leben. Diese jungen Männer wissen in der Regel fast nichts über den Islam. In einigen Fällen handelt es sich um Männer, die aus Ländern kommen, in denen es kaum Möglichkeiten und nur wenig Bildung gibt, in anderen Fällen sind es unzufriedene junge Männer aus westlichen Ländern. Andere wiederum sind Veteranen anderer islamischer Kriege wie in Tschetschenien oder Afghanistan, die sich der globalen Aufrichtung einer „islamischen Gerechtigkeit" verpflichtet fühlen.

Und dann gibt es noch die Enttäuschten, die in gescheiterten Staaten oder in solchen mit einer korrupten Regierung, die nicht für ihre Bürger sorgt, leben. Sie sehen, dass terroristische Gruppen (Hamas, Hisbollah, al-Qaida, IS und so weiter) soziale

Dienste, Nahrung oder Geld zur Verfügung stellen, wenn ihre eigenen Regierungen dazu nicht in der Lage sind. Die terroristischen Organisationen sorgen für das Brot und die Bildung ihrer Kinder. Wieder andere werden mit Waffengewalt oder unter der Drohung, dass sie oder ihre Angehörigen getötet werden, gezwungen, sich einer terroristischen Organisation anzuschließen. Es sind Geiseln, die zum Terrorismus gezwungen werden. Der Gedanke daran ist tragisch, besonders wenn es sich um Kinder handelt, aber es geschieht häufig. Viele Kinder und Jugendliche werden entführt und systematisch ausgebildet und in einem Prozess der Desensibilisierung dazu gezwungen zu töten. Der dabei angerichtete psychische Schaden ist groß und der Heilungsprozess für diejenigen, die entkommen konnten, ein langer und schwieriger.

Und schließlich treten manche einer terroristischen Organisation bei, um eine Allianz gegen eine andere Armee zu schaffen (wie in Syrien, als die „Freiheitskämpfer" al-Qaida beitraten, um gegen Bashar Assads Unterdrückungsregime zu kämpfen). Es ist klar ersichtlich, dass der Glaube, alle islamischen Terroristen hätten sich aus ehrlichem Engagement gegenüber dem Islam einer terroristischen Vereinigung angeschlossen, ein Irrtum ist. In vielen Fällen wissen islamische Kämpfer nur sehr wenig über den Koran und die islamische Theologie. Sie können durch vielfältige Faktoren, die absolut nichts mit dem Islam zu tun haben, in den Terrorismus verwickelt werden.

Künftige Bruchlinien in der islamischen Welt

Der Nahe Osten

Der Zusammenbruch von Regierungen und Recht und Ordnung in Teilen der islamischen Welt wird zu neuen militanten Aufständen und terroristischen Aktivitäten führen. Während der Anstieg des islamischen Kampfgeistes fortfahren wird, den Islam zu bestimmten Reformen und einer Anpassung an verschiedene Aspekte der liberalen Demokratie zu drängen, werden viele Muslime ihre Illusionen verlieren und sich dem Christentum, dem Säkularismus oder anderen Religionen zuwenden. Fundamentalistische Regierungen und islamische Kämpfer werden weiterhin als unfähig angesehen werden, eine innovative, moderne Gesellschaft zu schaffen. Dieser Prozess, den militanten Islam zu diskreditieren, könnte Jahre oder Jahrzehnte in Anspruch nehmen. Technisch gesehen könnte er sogar Jahrhunderte brauchen.

Der Teufelskreis der Gewalt, der im Jemen und im gesamten Mesopotamien zu beobachten ist, wird sich in absehbarer Zukunft fortsetzen. Die Grenzlinien verschieben sich, die betroffenen Länder werden zunehmend ärmer, die Infrastrukturen werden zerstört und ethnische Fehden und Rivalitäten werden so sehr verschlimmert, dass keine Kraft von außen diesen Teufelskreis durchbrechen kann.

Die *Alawiten, Kurden, Drusen, Schiiten, Sunniten,* nicht muslimische Gruppen wie die *Jesiden, Manichäer, Mandäer* und Christen sowie andere, alte Religionen werden weiterhin aufeinanderprallen und einige dieser kleinen, weniger bekannten Minderheitenreligionen werden Gefahr laufen, komplett ausgelöscht zu werden.

Nationen wie die Türkei, Ägypten, Tunesien und Iran, die starke, alte nationale Identitäten haben, werden intakt bleiben und könnten möglicherweise wirtschaftlich blühen, doch sie werden unweigerlich mit Aufständen zu kämpfen haben. Nationen wie Libyen, Jemen, Irak und Syrien mit eher schwacher nationaler Identität werden keine funktionierenden Regierungen mehr haben und in Anarchie und Stammeswesen zerfallen. Sie werden zu Nestern für terroristische Gruppen und kriminelle Netzwerke werden.

In gewisser Weise war das Aufkommen von *al-Qaida* ein Segen für Israel. Die Welt und insbesondere die arabischen Staaten kümmern sich kaum mehr um die Palästinenser. Israel wird nicht länger für die Unruhen in der Region verantwortlich gemacht; wer nun im Visier ist, sind die autoritären Machthaber, die korrupten islamischen Regierungen und gefährlichen militanten Gruppen, die ganze Nationen bedrohen. Der Bürgerkrieg innerhalb des Islam lenkt die Menschen von der israelisch-palästinensischen Problematik ab.

Andererseits sieht sich Israel einer weniger beständigen und weniger vorhersehbaren Nachbarschaft gegenüber als zuvor. Israels Versäumnis, eine Zweistaatenlösung zu schaffen und die humanitäre Krise im Gazastreifen zu bewältigen sowie seine Ablehnung, Siedlungen zu stoppen, hat die Unterstützung Europas verringert. Wenige Anstrengungen wurden unternommen, das Land zu stabilisieren, und als Demokratie mit einer breiten arabischen Bevölkerung (Christen und Muslime) steht Israel nun vor der Möglichkeit, ein Apartheidstaat zu werden, der wie einst Südafrika und die USA offen die Rassentrennung befürwortet. Das würde zu einer globalen Verurteilung führen und es selbst den Vereinigten Staaten schwer machen, Israel weiterhin zu unterstützen. Da stellt sich die Frage, was zuerst eintreffen wird – ob Israel seine Demokratie aufgibt oder doch zuerst in einen Nahostkrieg verwickelt wird? Es bleibt zu hoffen, dass keine der beiden Optionen wahr wird. Doch der Zusammenbruch Syriens hat die Sicherheit Israels bereits beeinträchtigt. Der Verfall des Libanon oder Jordaniens sowie eine zunehmende Militanz auf der Sinaihalbinsel würden ein enormes Sicherheitsproblem für Israel bedeuten.

Es ist wichtig, sich in Erinnerung zu rufen, dass zwar die Staaten des Nahen Ostens Israel hassen, jedoch oft hinter den Kulissen mit dem Land kooperieren, weil sie ebenso die islamische Militanz fürchten. Mit 200 bis 400 Atomwaffen, der besten Armee in der Region und der Allianz mit den USA ist Israel ein von den Nahoststaaten (einschließlich Iran) weitaus gefürchteterer Gegner, als diese Länder in ihrer Rhetorik durchscheinen lassen. Ein verlorener Krieg gegen einen jüdischen Staat wäre eine große Erniedrigung und würde das Ende jeden Regimes bedeuten, das einen solchen Krieg geführt hat. Es wäre ein vollkommener Gesichtsverlust für das Regime und seine Generäle.

Einige islamische Kämpfer haben allerdings keine derartigen Befürchtungen und glauben, je gewaltsamer und apokalyptischer der Kampf, umso besser. Doch genau diese nihilistische Einstellung macht es so schwierig, eine einheitliche terroristische Front zu erreichen, die bedeutsame Kämpfe ausfechten kann.

Afrika

Afrika wird die nächste entscheidende Front in dem Bürgerkrieg werden, der innerhalb des Islam stattfindet. In den letzten zehn Jahren haben die USA in aller Ruhe in ganz Afrika Militärbasen eingerichtet, um dem potenziellen Aufkommen von Terrorismus und islamischer Militanz in Afrika zu begegnen. *Boko Haram* ist die erste afrikanische Terrororganisation, die wirklich ein Begriff ist, aber es wird auch andere geben. Viele nordafrikanische Länder sind landumschlossen und größtenteils von Wüsten durchzogen; sie beinhalten verschiedene Stämme und sind wirtschaftlich unterentwickelt. Sie verfügen über alle Zutaten, um islamische Militanz zu unterstützen und Chaos zu schaffen.

Nordafrika ist überwiegend islamisch, während südlich der Sahara ausschließlich Christen angesiedelt sind. Es gibt 1,1 Milliarden Afrikaner und es wird geschätzt, dass der Kontinent bis zum Jahr 2025 633 Millionen Christen zählen wird.[37] Im Wettstreit um die Bekehrung der Menschen auf afrikanischem Boden, der zwischen dem Islam und dem Christentum stattfindet, sind Christen die überragenden Gewinner. Das wird zu weiteren Spannungen führen, wie wir in Nigeria und im Sudan gesehen haben (wobei der Sudan aktuell in zwei Länder unterteilt ist – den islamischen Norden und den christlichen Süden). Viele der Elemente, die Terrorismus und Anarchie im Nahen Osten schüren, werden auch in Nord- und Zentralafrika präsent sein. Afrikanische Länder mit eher moderaten muslimischen Bevölkerungen, die sich weit südlich des Äquators befinden, werden die Gelegenheit haben, sich in einem Maß wirtschaftlich zu entwickeln, das in ihrer Geschichte beispiellos ist. Gleichzeitig wird das Christentum weiterhin über den Islam hinauswachsen.

---

37 World Council of Churches Report, August 2004.

Russland

Das Land, das die meisten Einwanderer jährlich aufnimmt, ist Russland. Viele dieser Einwanderer stammen aus zentralasiatischen Ländern, die früher zur Sowjetunion gehörten und ein islamisches Erbe mitbringen. Da die Erwerbsbevölkerung in Russland rapide altert, werden Arbeiter gebraucht, um die russische Wirtschaft am Leben zu erhalten. Allerdings sind die Beziehungen Russlands mit seinen früheren sowjetischen islamischen Republiken nicht gerade unproblematisch. Die beiden schrecklichen Unabhängigkeitskriege in Tschetschenien sind ein Beispiel dafür, wie leicht die alte Feindschaft gegen Russland wieder aufleben und zu neuer islamischer Militanz führen kann. Viele tschetschenische Kämpfer haben niemals den Koran gelesen oder den Islam praktiziert, bevor der Krieg ausbrach. Doch wie bereits erwähnt wird die Religion häufig in Anspruch genommen, um eine stärkere Identität und Zielsetzung zu erreichen. Es könnte passieren, dass sich Russland künftig von islamischen Kämpfern umgeben sieht. Eine Reihe von terroristischen Anschlägen wurde auf russischem Boden verübt, darunter die Ermordung von Schulkindern in Beslan 2004 und mehrere Selbstmordattentate in Moskau. Im Gegensatz zu den USA ist Russland tatsächlich von Ländern umgeben, die Nährboden für Terroristen darstellen. Für die Terroristen ist es nicht schwer, die Grenze zu Russland zu überschreiten. Die Vereinigten Staaten befinden sich im Vergleich zu Russland und Europa in einer weitaus geschützteren Position und doch tendieren die Amerikaner zu größerer Panik in Bezug auf den islamischen Terrorismus als jedes andere Land der Welt. Das ist weder logisch noch hilfreich.

Europa

Die Bedrohung einer islamischen Invasion Europas wird in den Medien weitgehend übertrieben dargestellt. Die düsteren Vorhersagen stützen sich vor allem auf die hohe Geburtenrate von Muslimen in Europa. Doch lineare Hochrechnungen sind fehlerhaft. Manchmal basieren die Vorhersagen auf der Tatsache, dass es in Städten wie Amsterdam oder Paris Viertel gibt, in denen Muslime die *Scharia* praktizieren und ihr größere Autorität einräumen als dem Gesetz des Landes.

Doch einige Fakten werden meistens nicht genannt. Die nationalen Polizeikräfte und Interpol in Europa sind äußerst kompetent, wenn es darum geht, terroristische Aktivitäten zu überwachen. Die Entscheidung Europas, mehr in die Polizeiarbeit als in militärische Interventionen zu investieren wie die USA, hat sich ausgezahlt – größere Sicherheit mit geringeren Ausgaben wurde erreicht.

Europa läuft auch nicht Gefahr, von den Muslimen zahlenmäßig übertroffen zu werden. Die meisten westeuropäischen Nationen haben eine muslimische Bevölkerung von zwei bis sechs Prozent der Gesamtbevölkerung. Nur in Frankreich beträgt der Anteil der Muslime an der Gesamtbevölkerung außergewöhnliche zehn Prozent. Die Geburtenraten gehen mehr und mehr mit dem Rest Europas konform und die meisten Muslime wollen sich einfach nur materiell verbessern und ihren Kindern ein gutes Leben ermöglichen.

Wahrscheinlich wird es für Muslime künftig viel schwieriger werden, in europäische Länder einzuwandern. Darüber hinaus wird die Freiheit neuer Einwanderer vermutlich stärker eingeschränkt und es wird strengere Regeln für die Aufnahme geben. Rechtsgerichtete Parteien in Europa plädieren seit Langem dafür, allerdings auf alarmistische und rassistische Weise. Europa wird einen Mittelweg zwischen reaktionärem Verhalten und dem leisen Anheben seiner Erwartungen an die islamischen Bürger finden müssen und weiterhin daran festhalten, dass pluralistische Gesellschaften für die Sicherheit Europas entscheidend sind. Hinter der europäischen Maske der Toleranz verbergen sich alte, gut bekannte Bruchlinien und Spannungen, die nie ganz ausgetilgt wurden. Europa steht vor der Herausforderung, mit zunehmendem wirtschaftlichen Druck, Zuwanderung und rassischen Spannungen fertigzuwerden. Es ist höchst unwahrscheinlich, dass Europa in einen groß angelegten Krieg gegen islamische Länder verwickelt wird; Europa hat weder wirtschaftlich noch strategisch ein Interesse daran.

Europa wird weiterhin damit hadern, wie die USA mit der Herausforderung der islamischen Militanz umgehen, nämlich mit einem aggressiveren, jedoch geografisch entfernteren Ansatz. Das Chaos, das die Vereinigten Staaten im Nahen Osten anrichten, betrifft Europa viel direkter als die USA – zum Beispiel in Form der Flüchtlingskrise.

Muslime werden genau wie Christen häufig stark von der Kultur, Bildung und Gesellschaft beeinflusst, in der sie sich bewegen. Da der religiöse Alltag in Europa primär im Hintergrund stattfindet und eine säkulare Einstellung vorherrscht, werden Muslime sich in der Regel an diese Haltung anpassen. Die meisten Muslime wollen einfach nur genügend Geld verdienen und ihren Kindern ein gutes Leben bieten. Viele junge Muslime, die den Eindruck haben, sich nicht vollständig in Europa integrieren zu können, wenden sich den Dingen zu, zu denen die meisten frustrierten Jugendlichen weltweit Zuflucht nehmen, nämlich Drogen, Sex, Videospiele, Gangs und so weiter. Nur wenige wenden sich dem militanten Islam zu. Doch diejenigen, die das tun, füllen natürlich die Schlagzeilen, und es ist damit zu rechnen, dass in den kommenden Jahren auf zentrale Orte in Europa Anschläge verübt werden. Doch die Europäer haben sich nie wie die Amerikaner der Illusion hingegeben, dass der Terrorismus vollständig ausgemerzt werden kann. In Europa gab es in den letzten dreißig Jahren terroristische Gruppen und Wellen terroristischer Anschläge unter anderem in Nordirland, im Vereinigten Königreich, in Deutschland, Spanien und Frankreich und so haben die Europäer eine realistischere Sicht des Terrorismus: Er kann nicht vollständig ausgelöscht werden und wird eher als Ärgernis denn als existenzielle Bedrohung angesehen. Im Gegensatz zu den Vereinigten Staaten dreht sich die Sorge der Europäer um den Angriff auf die Werte der Zivilisation und den Pluralismus, den die Europäer nach dem Zweiten Weltkrieg mit so großer Mühe erreicht haben. Europa fürchtet vor allem die Bedrohung der offenen Gesellschaft, nicht deren Zerstörung. In keiner Gesellschaft kann der Terrorismus völlig ausgemerzt werden.

USA

Die jüngsten Anschläge in Sydney, Ottawa, Paris und anderen großen Städten haben gezeigt, dass „der Westen" nach wie vor die Zielscheibe radikaler Islamisten ist. Theoretisch werden die USA häufig angegriffen, doch mit Kanada und Mexiko als Nachbarn und den beiden größten Ozeanen der Welt im Osten und Westen befinden sich die USA in einer geschützteren Position gegenüber islamischen Anschlägen als China, Russland, die afrikanischen Länder und der Nahe Osten, Israel und die meisten anderen Länder der Welt. Und doch herrscht in den USA die größte Furcht vor islamischen Anschlägen.

Ein entscheidender Grund für diese Angst sind natürlich die Anschläge vom 11. September 2001 – das Trauma, zum ersten Mal auf amerikanischem Boden angegriffen worden zu sein. Zehn Jahre später haben die USA fünf Billionen Dollar im Kampf gegen den Terrorismus ausgegeben.[38] Diese Zahl nimmt weiter zu, obwohl andere Länder es geschafft haben, mit polizeilichen Maßnahmen den Terror in Schach zu halten, und dies mit nur einem Bruchteil der Kosten. Die meisten terroristischen Anschläge werden in Pakistan, Irak, Syrien und anderen Ländern innerhalb der islamischen Welt verübt, also weit von den USA entfernt.

Wie bereits in Kapitel 6 deutlich wurde, sind traditionell Christen aus dem Nahen Osten in die USA eingewandert. Viele Orthodoxe, Katholiken und Protestanten aus dem Nahen Osten beschließen, sich in den USA anzusiedeln und stellen keinerlei Bedrohung dar. Die meisten Muslime in den USA gehören der Oberschicht an und sind wirtschaftlich erfolgreich – sie sind meistens wohlhabender als der durchschnittliche Amerikaner. Anders als in Europa wurde den Muslimen der gesellschaftliche Aufstieg nicht verwehrt. Den USA gelingt es viel besser, Zuwanderern das Gefühl zu geben, US-Bürger zu sein, als es in den europäischen Ländern üblich ist. Das liegt daran, dass in den USA das Bürgerrecht auf einer Idee und nicht auf einer ethnischen Zugehörigkeit beruht. Amerikanische Muslime haben vielleicht sehr konservative Ansichten, wie zum Beispiel die Überzeugung, dass der Koran fehlerlos ist (obgleich sie ihn sehr unterschiedlich auslegen). Sie haben auch konservative soziale Gepflogenheiten und glauben, dass Gott über dem Land steht.

---

38 http://nation.time.com/2011/06/29/the-5-trillion-war-on-terror/

Doch viele Evangelikale denken genauso.[39] Als Christen finden wir das nicht bedrohlich, sondern logisch. Wenn sich der Spieß jedoch umdreht und eine andere Religion dasselbe für sich beansprucht, finden wir das seltsam.

Es kann wohl kaum übersehen werden, dass die Vereinigten Staaten auf die terroristischen Anschläge vom 11. September überreagiert haben. Wie bereits ausgeführt wurde, ist der Terrorismus nicht wirklich dazu geeignet, Gebiete zu erobern, neue Reiche zu gründen oder immer wieder eine große Anzahl von Menschen zu verletzen. Er hat jedoch große Symbolkraft und versetzt die Menschen in Angst, was dazu führt, dass die Gefahr weit überschätzt wird. Die USA haben die Bevölkerung dazu trainiert, ständig wachsam zu sein und in militärische Antworten zu investieren, während die Europäer sich auf bessere Polizeiarbeit konzentriert haben und ihre Bürger dazu aufrufen, Ruhe zu bewahren. Da der Terrorismus keine existenzielle Bedrohung für die USA ist, sollte das Land nicht in Panik verfallen und sich in Bezug auf terroristische Anschläge eine „Business-as-usual-Einstellung" zu eigen machen. Der Bombenanschlag in Boston während eines Marathons 2013 war schockierend und legte die Stadt still, doch zehn Tage später war so gut wie nichts mehr darüber in den Medien zu hören. Das war ein gutes Zeichen und ein positiver Schritt in die richtige Richtung. In Zukunft sollte dies die Norm werden, denn die Vereinigten Staaten können nicht auf lange Sicht in einem Zustand irrationaler Angst verharren und sich vor etwas fürchten, dessen Eintreffen eine Wahrscheinlichkeit von 1 : 20 000 000 beträgt.

Die USA werden jedoch versucht sein, weiterhin weltweit

---

39 http://alturl.com/55px2

militärisch aktiv zu sein. Zwar sind sie nicht mehr wirklich vom Rohöl aus dem Nahen Osten abhängig (Saudi-Arabien ist aktuell nur noch der sechstgrößte Exporteur in die USA), doch die US-Wirtschaft hängt von den Wirtschaften Ostasiens ab, die ihrerseits auf das Rohöl aus dem Nahen Osten dringend angewiesen sind. So bleibt es oberste Priorität für die USA, die Schifffahrtswege im Persischen Golf und im Indischen Ozean offen zu halten.

Ein weiterer Grund für das militärische Engagement der Vereinigten Staaten ist die Tatsache, dass nur sie über die Fähigkeit verfügen, auf die Ausbreitung der terroristischen Netzwerke global zu antworten. Es wird sich die Frage stellen, ob die USA in Landkriege verwickelt werden wird, die sie nicht gewinnen können, oder ob sie sich auf strategische Militärschläge konzentrieren werden. Des Weiteren müssen die USA lernen, keine neuen Leerräume für Terroristen zu schaffen, wie es im Irak und in Libyen der Fall war.

Ein dritter Grund ist der Komplex der Militärindustrie, der sowohl auf Demokraten als auch auf Republikaner einen beträchtlichen Einfluss ausübt. US-Präsidenten werden zunehmend unter dem Druck stehen zu zeigen, dass sie dem Terror mit Härte und unter Verwendung militärischer Macht begegnen. Die Amerikaner tendieren nach wie vor dazu, einen Präsidenten zu bestrafen, der als schwach angesehen wird, wenn er keine Militärmacht einsetzt. Im Großen und Ganzen vertrauen die Amerikaner der Militärkraft, selbst wenn sie nicht zum Ziel führt.

Die größte militärische Herausforderung für die Vereinigten Staaten besteht darin, dass sie sich im Kampf gegen Terroristen und gegen Länder, die Terroristen Unterschlupf gewähren, in einem Kampf gegen einen vormodernen Feind in einem modernen Krieg in einer postmodernen Welt wiederfinden. Was bedeutet das? Es bedeutet, dass islamische Kämpfer sich hinter Moscheen, Krankenhäusern, Frauen und Kindern verstecken werden und so die USA in Landkriege hineinzuziehen versuchen. Militante Islamisten folgen einem vormodernen Verhaltenskodex, der Unschuldige zu Freiwild macht. Die einzige Möglichkeit, sie zu bekämpfen, besteht darin, ihnen ihre Gebiete wegzunehmen (wie in einer modernen Kriegsführung), doch dies schließt das Töten Unschuldiger mit ein. Der Rest der Welt, der eine postmoderne Skepsis gegenüber Gewalt hat und an den Schutz Unschuldiger glaubt, wird beim Anblick von US-Truppen, die Krankenhäuser, Frauen, Kinder und andere Unschuldige angreifen, in Wut geraten und den USA immer weniger vertrauen. Diese Falle war im Irakkrieg deutlich zu erkennen und es wird in Zukunft noch schwieriger werden, wenn es darum geht, nihilistische oder apokalyptische Terrorgruppen zu bekämpfen.

Die USA werden sich in die Enge getrieben sehen. Sie werden niemals Frieden im Nahen Osten herbeiführen können, weil sie nicht bereit sind zu tun, was dafür nötig ist: den Nahen Osten zu kolonialisieren, wie frühere Reiche es getan haben. Eine Kolonialisierung würde viel mehr einschließen als Militärtruppen und Bombardierungen. Sie würde erfordern, dass sich US-Bürger in großer Anzahl an den Problemherden der Welt ansiedeln und US-gestützte Institutionen schaffen und betreiben und anderen beibringen, wie sie diese Einrichtungen am Laufen halten, wie es die Briten und die Römer in der Geschichte taten. Da die Amerikaner keinerlei Interesse an einer solchen Form der Kolonialisierung haben (die übrigens in unserer modernen Welt völlig inakzeptabel wäre), wird es dazu kommen, dass sie keine

Kontrolle über die Situation ausüben können. Der Bürgerkrieg innerhalb des Islam muss sich selbst totlaufen. Die USA müssen lernen, schonungslose Kriege gegen einen vormodernen Feind zu vermeiden und stattdessen in Bildung, Institutionen und Jugendprogramme zu investieren, um einen Weg zu finden, auf anderer Ebene als mit globaler Macht gegen Terrorismus zu wirken.

Zentralasien

Die autoritären, schwachen und armen Nationen Zentralasiens werden in Zukunft noch stärker von nach Macht strebenden Nationen wie dem Iran und Russland abhängen. Je mehr sie unter russischen Einfluss geraten, desto schlechter wird es ihnen wirtschaftlich gehen. Russland wird sich weiter darum bemühen müssen, eine wirtschaftliche Union zu gründen, die das Pendant zur EU oder zum Nordamerikanischen Freihandelsabkommen wäre, um wirtschaftliche Möglichkeiten zu schaffen und eine Alternative zu den wirtschaftlichen Allianzen des Westens zu bieten und überdies wieder Kontrolle über die ehemaligen Sowjetstaaten zu gewinnen.

Russland ist von Ländern mit einer beträchtlichen islamischen Bevölkerung umgeben und die Russen haben bereits erlebt, wie Aufständische in Tschetschenien vom Islam beeinflusst wurden, was zu zwei äußerst zerstörerischen Kriegen zwischen Tschetschenien und Russland führte. Es gab auch zahlreiche Angriffe auf Russland durch militante Islamisten (darunter die Bombenanschläge von 1999, die möglicherweise vom russischen Geheimdienst verübt wurden, um die Tschetschenen zu belasten und Putins Macht zu festigen). Zentralasien wird in den Nachrichten nicht allzu viel Raum gegeben, doch das könnte sich ändern, wenn es so unstet werden sollte wie der Nahe Osten.

Der Iran wird vermutlich nach Jahren aus der Flaute herauskommen, in denen sich die islamische Revolution als Versager auf allen Ebenen erwiesen haben wird. Der Iran kann zu seiner Position als Schlüsselmacht in der Region zurückkehren – sowohl auf wirtschaftlicher als auch auf militärischer Ebene. Für den Nahen Osten wird es nicht einfach sein, sich an einen aufstrebenden Iran anzupassen, denn die Region ist daran gewöhnt, dass dieser schiitische Staat wirtschaftlich stagniert und eher nach innen gerichtet ist. Irans Hervortreten wird zu einem offeneren Kalten Krieg mit Saudi-Arabien und anderen sunnitischen Staaten führen oder aber zu Stellvertreterkriegen und wirtschaftlichen Kriegen, mit denen der Iran die anderen Nationen zu einem Wettstreit um den Einfluss und die Kontrolle der Region zwingt.

Im Westen glauben die meisten Menschen, dass die größten Feinde des Iran Israel und die Vereinigten Staaten sind. Das liegt daran, dass sie die iranische Rhetorik für bare Münze nehmen. Doch in Wirklichkeit ist Saudi-Arabien der Hauptfeind des Iran. Die beiden Länder sind auf religiöser Ebene zerstritten – die Saudis sind Sunniten und die Iraner Schiiten. Beide wollen den Weltrohölmarkt dominieren und beide unterstützen terroristische Gruppen für unterschiedliche Zweige des Islam. Saudi-Arabien verfügt über eine stärkere Luftwaffe, doch der Iran besitzt ein Arsenal von Raketen, die saudi-arabische Städte zerstören könnten. Der Iran kann darüber hinaus auch Cyberkrieg führen, die Meerenge von Hormus im Persischen Golf schließen, wo das Öl fließt, und Gruppen wie *Hisbollah* und andere Gruppen im Jemen organisieren.

Insgesamt ist Saudi-Arabien eine Macht auf dem absteigenden Ast, während der Iran die Möglichkeit hat, stärker und mächtiger zu werden. Das wird zu großen Spannungen führen, insbesondere angesichts der Tatsache, dass die Türkei ebenfalls ein aufsteigender Staat auf der sunnitischen Seite ist. Der Bürgerkrieg innerhalb des Islam könnte in erster Linie von diesen beiden Feinden geführt und finanziert werden.

Südasien und Südostasien

Südostasiens Schicksal wird vor allem von der Situation Chinas und Indiens beeinflusst werden. Konflikte in Verbindung mit dem Islam in dieser Region werden weniger explosiv und ausgedehnt sein als im Nahen Osten oder Afrika und es wird dabei eher um lokale ethnische Kämpfe gehen, wie derzeit in Thailand oder auf den Philippinen. Das einzige Land, das augenscheinlich weiterhin eine Quelle globaler Instabilität, des Terrorismus und militanten Islam sein wird, ist Pakistan. Dieses Land ist praktisch unregierbar und wird Afghanistan wie einen Vasallenstaat behandeln. Der Hauptkonflikt wird nach wie vor mit seinem traditionellen Feind Indien ausgetragen. Indien, eine mehrheitlich hinduistische Nation, die zugleich die zweitgrößte muslimische Bevölkerung der Welt beherbergt, wird Pakistan weiterhin wirtschaftlich überlegen sein und seine Rivalität mit China aufrechterhalten.

Auf der Mikroebene wird es in den meisten dieser Länder weiterhin sehr schwierig sein, als Christ zu leben. Das betrifft insbesondere Pakistan, Indien und Bangladesch. Die christliche Kirche wird viele Konflikte mit dem Islam austragen, obwohl diese Länder selbst vielleicht nicht in den größeren islamischen Bruderkrieg verwickelt sind. Christen werden die Verfolgung ihrer Glaubensgenossen in Südasien und Südostasien sorgfältig verfolgen müssen, denn darüber wird in den Medien weniger berichtet werden als über Ereignisse im Nahen Osten und in Afrika. Die Verfolgung wird vermutlich nicht nur von islamischen Gruppen, sondern auch von Buddhisten und Hindus ausgehen.

Angst ist der Feind der Mission

Ungeachtet dessen, was in Zukunft geschehen wird – Christen weltweit sollten nicht einem Geist der ständigen Furcht nachgeben, sondern stattdessen darauf vertrauen, dass Gott sich weiterhin weltweit bekannt macht. Unsere Berufung als Nachfolger von Christus besteht nicht darin, in einer möglichst sicheren Welt zu leben oder uns hinter einer selbstschützenden, auf Furcht basierenden Verteidigungslinie zu verschanzen. Unsere Berufung lautet, Salz der Erde zu sein und alle Nationen zu Jüngern zu machen und sie im Namen des Vaters und des Sohnes und des Heiligen Geistes zu taufen. Wir müssen den Geist der Furcht verurteilen, von dem sich westliche Christen angesichts des Islam so leicht einnehmen lassen. Die Krise in der islamischen Welt ist eine Gelegenheit. Angst ist dagegen der Feind der Mission.

Die größte Gefahr für uns besteht darin, uns Hass, Vorurteilen und lähmender Furcht hinzugeben, statt uns aufrichtig um die Seelen und die Sicherheit von Muslimen, christlichen Missionaren an der Front und christlichen Gemeinschaften zu sorgen, die wirklich mit Verfolgung und Vernichtung konfrontiert sind.

Wenn wir anders als die vorherrschende Kultur leben wollen, wie Jesus es tat, dann gehört dazu, dass wir Furcht und Panik ablehnen, uns hinter die Missionare in der islamischen Welt stellen, Flüchtlinge, die in unserem Land eintreffen, willkommen heißen und uns um sie kümmern, und dass wir Freundschaft mit Menschen suchen, deren Glaubenssysteme sich radikal von unserem eigenen unterscheiden. Es gehört auch dazu, dass wir für Muslime beten, damit sie Jesus erkennen, statt ihnen Schaden zu wünschen.

Paulus, der selbst ein Märtyrer war, erinnert uns: „... jedes Knie (wird) sich beugen und jede Zunge wird Gott preisen" (Römer 14,11; EÜ). Wir wissen, worauf die große Geschichte der Menschheit hinausläuft: Jesus Christus wird sein Reich vollständig errichten. Bis dahin ist es unsere Aufgabe als Christen, Gott von ganzem Herzen, mit unserer ganzen Seele und unserem ganzen Verstand zu lieben und unseren Nächsten wie uns selbst zu lieben (siehe Matthäus 22,37).

Während dieser turbulenten Zeit innerhalb der islamischen Welt werden wir weitere Bürgerkriege, Enthauptungen und terroristische Anschläge auf öffentlichen Plätzen sehen. Es stimmt, dass die Bilder aus der krisenreichen islamischen Welt in ihrem Terror sehr stark und beeindruckend sind – wir sollten dafür sorgen, dass die Bilder, die aus der christlichen Gemeinde stammen, das genaue Gegenteil sind.

Fragen zum Diskutieren

Welche Gründe bewegen Menschen dazu, sich terroristischen Gruppen anzuschließen? Wie viele dieser Gründe haben mit einem starken religiösen Glauben zu tun? Gibt es Gründe, die Sie überraschen?

Wie reagieren Sie auf die Tatsache, dass junge Menschen zum Terrorismus gezwungen werden unter der Androhung, dass ihre Familie sonst getötet wird oder indem sie selbst entführt werden? Wie würden Sie an ihrer Stelle reagieren?

Welche der behandelten Regionen scheint Ihnen die explosivste zu sein? Warum?

In welche Fallen geraten die USA und andere westliche Nationen nach Darstellung des Autors, wenn sie versuchen, den militanten Islam zu bekämpfen?

Warum behauptet der Autor, andere Länder hätten weniger Vertrauen in die Militärmacht als die USA, wenn es um die Bekämpfung des Terrorismus geht?

Inwiefern schürt unsere Gesellschaft Furcht und Panik angesichts des Terrorismus?

Wie könnten Sie und Ihre Gemeinde aus der Norm ausbrechen und auf die Herausforderungen der islamischen Welt christusähnlich reagieren?

Ein Christ betrachtet das Buch des Islam

„Wenn Kurt Beutler über den Islam spricht, dann spürt man, dass seine Gedanken in jahrelangen Gesprächen mit Muslimen geformt sind."

Rolf Höneisen,
ideaSpektrum Schweiz

Kurt Beutler ist Theologe, aber kein Theoretiker. Er möchte Brücken schlagen. Den Horizont erweitern. Und auf eine Entdeckungsreise einladen. In 99 kurzen Kapiteln beleuchtet er inspirierende und irritierende Seiten des Korans. Positives und Negatives. Überraschende Aussagen über Jesus, die Christen und die Bibel wie auch unverständliche Aussagen. Ein Buch für alle, die mit Muslimen ins Gespräch kommen wollen.

Kurt Beutler • 99 Überraschungen im Koran
Gebunden • 208 Seiten • ISBN 978-3-95734-127-3

Verlagsgruppe Random House FSC®N001967

Die Bibelzitate wurden, sofern nicht anders angegeben, den folgenden Bibelübersetzungen entnommen:
– Lutherbibel, revidierter Text 1984, durchgesehene Ausgabe in neuer Rechtschreibung, © 1999 Deutsche Bibelgesellschaft, Stuttgart (LÜ 84)
– Hoffnung für alle – Die Bibel, durchgesehene Ausgabe in neuer Rechtschreibung, © 1986, 1996, 2002 by International Bible Society, USA. Übersetzt und herausgegeben durch: Brunnen Verlag Basel, Schweiz (Hfa)
– Einheitsübersetzung der Heiligen Schrift, © 1980 Katholische Bibelanstalt, Stuttgart. Durchgesehene Ausgabe in neuer Rechtschreibung, © 1999 Verlag Katholisches Bibelwerk GmbH, Stuttgart (EÜ)
– Neue Genfer Übersetzung – Neues Testament und Psalmen, Copyright © 2011 Genfer Bibelgesellschaft (NGÜ)

1. Auflage 2016
Bestell-Nr. 817147
ISBN 978-3-95734-147-1

Umschlaggestaltung: Björn Steffens
Lektorat: Sarah Kleinknecht
Satz: Greiner & Reichel, Köln
Druck und Verarbeitung: GGP Media GmbH, Pößneck
Printed in Germany

www.gerth.de